文獻研究叢書・圖書文獻學叢刊

# 古文獻與學術史論集

劉駿勃　著

# 目次

# 「陸沉」本義及其演變獻芹

　　「陸沉」為古文中常見之語，尤以《世說新語》中所記「神州陸沉」一句最為知名，前賢於此已有若干注解，啟牖後學良多。然竊謂其中非無可議之處，是以不揣淺陋，敢獻曝芹，切望高明不吝教正。

## 一　萌疑：所謂「陸沉」之本義

　　《世說新語》〈輕詆〉云：「桓公入洛，過淮、泗，踐北境，與諸僚屬登平乘樓，眺矚中原，慨然曰：『遂使神州陸沉，百年丘墟，王夷甫諸人，不得不任其責！』」[1]「陸沉」一詞在句中表疆土淪陷之義，殆無疑問。然「陸沉」何以能表疆土淪陷之義，又此義是否為「陸沉」之本義，皆頗可商榷。余嘉錫先生《世說新語箋疏》此條云：

　　《原本玉篇》〈水部〉云：「《莊子》『是陸沉者也。』司馬彪曰：『無水而沉也。』野王案：陸沉，猶淪翳也。言居陸而若沉溺無聞也。《史記》『陸沉於俗，避世金馬門』，是也。」嘉錫案：陸沉者，無水而沉。《淮南子》〈覽冥訓〉：「是謂坐馳陸沉，晝冥宵明」及此條之「神州陸沉」，皆其本義。至於《莊子》〈則陽篇〉、《史記》〈滑稽傳〉之以陸沉喻隱淪、《論衡》

---

1　〔南朝宋〕劉義慶撰，〔南朝梁〕劉孝標注，余嘉錫箋疏，周祖謨、余淑宜、周士琦整理：《世說新語箋疏》〈輕詆〉（北京：中華書局，2015年），頁920。

〈謝短篇〉「知古不知今，謂之陸沉」以喻人之不學，則其引
伸之義也。[2]

余氏擇要舉出前代語例及注解，並指出其分別對應「陸沉」的本
義和引申義。據余氏說，「陸沉」之本義即「無水而沉」，語例如《淮
南子》與《世說》。其引申義則有二，一為「喻隱淪」，語例如《莊
子》《史記》；一為「喻人之不學」，語例如《論衡》。而聯結本義與引
申義之間的橋樑則為比喻，對於這一比喻的實現過程，顧野王解釋為
「言居陸而若沉溺無聞也」。問題在於，顧野王此語似乎未能真正闡
明「陸沉」從本義到引申義的比喻過程。不僅如此，更重要的問題
是，將「無水而沉」的解釋置諸《世說》（以及《淮南子》）文中，句
義也並不完全和洽通暢，這不能不令人疑心「陸沉」的本義是否確實
為「無水而沉」。並且，設使確然如此，那麼其從本義到引申義的比
喻過程又是如何具體實現的？為解釋這些疑問，首先要對「陸沉」早
期的語例加以分析考察。

## 二 溯源：《莊子》與《淮南子》中之「陸沉」

「陸沉」一詞始見於《莊子》〈則陽〉：「是聖人僕也。是自埋於
民，自藏於畔。其聲銷，其志無窮，其口雖言，其心未嘗言。方且與
世違而心不屑與之俱，是陸沉者也，是其市南宜僚邪？」[3]此處作者
借孔子的口讚美與世相違的隱者市南宜僚，「陸沉」在此表隱逸殆無
疑義。歷代注解大略如下。晉郭象《莊子注》云：「人中隱者，譬無

---

2 〔南朝宋〕劉義慶撰，〔南朝梁〕劉孝標注，余嘉錫箋疏，周祖謨、余淑宜、周士
　琦整理：《世說新語箋疏》〈輕詆〉（北京：中華書局，2015年），頁922。
3 〔清〕郭慶藩：《莊子集釋》〈則陽〉（北京：中華書局，2012年），頁895。

水而沉也。」[4]《經典釋文》〈莊子音義〉稱:「司馬云:當顯而反隱,如無水而沉也。」[5]此司馬為西晉司馬彪,與郭象基本同時。梁顧野王《原本玉篇》〈水部〉云:「野王案:陸沉,猶淪翳也。言居陸而若沉溺無聞也。」[6]唐成玄英《莊子疏》云:「寂寥虛淡,譬無水而沉,謂陸沉也。」[7]與郭注同。南宋林希逸《南華真經口義》云:「沉不在水而在陸,喻隱者之隱於市廛。」[8]

按「陸」字,《說文》云「高平地」,是其本義,慧琳《一切經音義》引《韓詩》云「高平無水謂之陸」[9],大要亦相同,這是上述諸家所稱「無水而沉」的基本由來。而各家又有不同,郭注、成疏但言「無水而沉」,未有具體解說如何從「無水而沉」生發出隱逸之義。司馬彪之說以顯隱相反解之,謂物無水本不當沉,而反沉之,如人當顯而反隱也。林氏謂沉本當在水中,今不沉在水而反沉在陸,比喻隱者之隱本當在山林,今不在山林而反在市廛。這是牽合小隱於山、大隱於市為說。此二家尚能自圓其說,而顧氏之義謂人居陸而若沉溺,則頗難通順。諸說相同之處是均試圖尋找無水而沉與隱逸之間的詞義關聯。問題在於,「無水而沉」的主體是誰?按「陸」字本義顯然是名詞,而郭象、成玄英但言「譬無水而沉」,其中「無水」為「沉」之特徵或狀態,而未交代「沉」之主體。假使將郭注、成疏理解為

4 〔清〕郭慶藩:《莊子集釋》〈則陽〉(北京:中華書局,2012年),頁896。
5 〔唐〕陸德明撰,張一弓點校:《經典釋文》(上海:上海古籍出版社,2012年),卷28,《莊子音義·下》〈則陽〉,頁599。
6 〔梁〕顧野王:《玉篇(殘卷)》,見《續修四庫全書》(上海:上海古籍出版社,2002年),冊228,頁432。
7 〔清〕郭慶藩:《莊子集釋》〈則陽〉(北京:中華書局,2012年),頁896。
8 陳鼓應注釋:《莊子今注今譯(最新修訂版)》(北京:中華書局,2016年),頁784。
9 〔唐〕慧琳著,徐時儀校注:《一切經音義三種校本合刊》(上海:上海古籍出版社,2008年),《一切經音義》,卷2,頁544。

「譬（陸）無水而沉」，則「陸」字同時充當了名詞性主語和副詞性狀語，這並不合常理。因此對郭注、成疏應理解為「譬（物）無水而沉」，司馬彪注亦然。而顧野王云「居陸」，是將人作為「沉」之主體，「陸」作為名詞，「居陸」表人之狀態；林希逸則懸置了「沉」之主體，將「陸」作為「沉」之所在。由此可見各家對「陸」在「陸沉」中的具體含義或成分的理解缺乏共識。

漢代以降，「陸沉」一詞出現較多。《淮南子》〈覽冥訓〉云：「所謂不言之辯、不道之道也。故召遠者使無為焉，親近者使無事焉，惟夜行者為能有之。故卻走馬以糞，而車軌不接於遠方之外，是謂坐馳陸沉，晝冥宵明，以冬鑠膠，以夏造冰。」[10]「坐馳」句高誘注云：「言坐行神化，疾於馳傳，浮沉冥明，與道合也。」將「陸沉」與「晝冥宵明」連起來解釋為「浮沉冥明」，比較牽強。劉績云：「『坐馳』謂坐本非馳行也，而為馳行，言其反也。下皆仿此。」[11]劉說指出「坐馳」以下八字兩兩成對，皆表示矛盾相反之義，這是正確的。按，這一段主旨在論無為而治，但具體文句頗有不好解者，如「夜行」之義歷來異說很多，但「坐馳」以下八字作為一個小單元其意義是確定的，即劉績指出的「言其反也」。至於怎樣把這八字與整段的主旨及前後文聯繫起來，則有不同意見。如陶鴻慶認為「是謂坐馳陸沉，晝冥宵明」或當在「以冬鑠膠，以夏造冰」之後[12]，表示不按時令行事則勞而無功；楊樹達則疑「是謂」以上有脫文[13]。由「晝冥宵明」的反對意義可知，「坐馳」和「陸沉」也各表示兩種相反之情況，不過細微處仍有差別。「晝冥宵明」中，「晝」與「宵」是以名詞所隱含的形

---

10 張雙棣：《淮南子校釋（增訂本）》（北京：北京大學出版社，2013年），頁653-654。

11 張雙棣：《淮南子校釋（增訂本）》（北京：北京大學出版社，2013年），頁663。

12 張雙棣：《淮南子校釋（增訂本）》（北京：北京大學出版社，2013年），頁663-664。

13 張雙棣：《淮南子校釋（增訂本）》（北京：北京大學出版社，2013年），頁664。

容詞性的特點（明、暗）來與作為形容詞的「冥」與「明」進行反對的，而「坐馳」則兩字均為動詞，按劉績的解釋其為同一主體的兩種動作，因而仿照劉績對「坐馳」的解釋，對此處的「陸沉」大約可以作這樣的理解：「『陸沉』謂居陸本非能沉也，而為沉，言其反也。」其中「陸」解為居陸，是因為在此「陸」與「沉」亦當為同一主體的兩種動作或狀態，而不能把「陸」理解為「沉」之名詞性主體。

值得注意的是，「坐馳」也出自《莊子》之文。《莊子》〈人間世〉云：「絕跡易，無行地難。為人使易以偽，為天使難以偽。聞以有翼飛者矣，未聞以無翼飛者也；聞以有知知者矣，未聞以無知知者也。瞻彼闋者，虛室生白，吉祥止止。夫且不止，是之謂坐馳。」[14]「坐馳」正是身坐而神馳之義[15]，與《淮南子》文中之義較為接近。但《淮南子》中「陸沉」顯然並非《莊子》文中隱逸之謂。

「陸沉」又見於《文子》。今傳本《文子》〈精誠〉有云：「此謂不言之辯、不道之道也。夫召遠者使無為焉，親近者言無事焉，唯夜行者能有之。故卻走馬以糞，車軌不接於遠方之外，是謂坐馳陸沉。」[16]較《淮南子》缺「晝冥宵明，以冬鑠膠，以夏造冰」等字（因此陶鴻慶等乃疑此段有脫誤，見張雙棣《校釋》），王念孫《讀書雜志》〈淮南子內篇六〉謂《文子》此文本於《淮南子》，就此數句來說是可信的（按今傳本《文子》與《淮南子》重複之處甚多，二者之先後久已聚訟，而定州八角廊所出漢簡本《文子》與今傳本《文子》又有較大不同，其間關係愈加錯綜，迄無定論。就此數句來看，由於其不見於漢簡本《文子》[17]，故當是從《淮南子》來）。即使暫不能定

---

14 〔清〕郭慶藩：《莊子集釋》〈人間世〉（北京：中華書局，2012年），頁150。

15 〔清〕郭慶藩：《莊子集釋》〈人間世〉（北京：中華書局，2012年），頁151。

16 彭裕商：《文子校注》（成都：巴蜀書社，2006年），頁31-32。

17 張固也：〈定州漢簡《文子》復原〉，見武漢大學簡帛研究中心網站，網址：http://www.bsm.org.cn/show_article.php?id=2115[2014-12-22]。

其先後，要之此處數句較《淮南子》僅缺數字，顯非一獨立文本，故在討論「陸沉」詞義時既已用《淮南子》語例，《文子》語例可置而不論。此外，《史記》〈滑稽列傳〉褚少孫補東方朔傳中記東方朔之歌云「陸沉於俗，避世金馬門」[18]，用的是《莊子》中隱逸之義，毋庸詳論。

## 三　探本：《論衡》中之「陸沉」與「陸落」

漢代《論衡》中之語例對探析「陸沉」詞義殊為重要。《論衡》〈謝短〉云：

> 夫儒生之業，五經也。南面為師，旦夕講授章句，滑習義理，究備於五經，可也。五經之後，秦、漢之事，無[19]不能知者，短也。夫知古不知今，謂之陸沉，然則儒生，所謂陸沉者也。五經之前，至於天地始開，帝王初立者，主名為誰，儒生又不知也。夫知今不知古，謂之盲瞽。五經比於上古，猶為今也。徒能說經，不曉上古，然則儒生，所謂盲瞽者也。[20]

黃暉《論衡校釋》於「謂之陸沉」下注云見〈程材〉。按〈程材〉並無「陸沉」，而作「陸落」。《論衡》〈程材〉云：

> 論者多謂儒生不及彼文吏，見文吏利便，而儒生陸落，則詆訾儒生以為淺短，稱譽文吏謂之深長。是不知儒生，亦不知文吏

---

18 〔漢〕司馬遷：《史記》（北京：中華書局，2013年），卷126，〈滑稽列傳〉，頁3866。
19 黃暉《校釋》云：「劉先生曰『無』字疑衍」，可從。
20 黃暉：《論衡校釋》（北京：中華書局，2017年），卷12，〈謝短〉，頁649。

也。儒生、文吏皆有材智，非文吏材高而儒生智下也；文吏更
事，儒生不習也。謂文吏更事，儒生不習，可也；謂文吏深
長，儒生淺短，知妄矣。[21]

黃暉《論衡校釋》於「陸落」下注云：

《文選》〈蜀都賦〉注引蔡邕曰：「凝雨曰陸。」《釋名》〈釋
地〉曰：「陸，漉也，水流漉而去也。」畢沅曰：「陸有流漉之
誼。」按：《說文》曰：「漉，水下貌。」「陸」、「落」雙聲，
猶言「沉淪」也。《莊子》〈則陽篇〉「陸沉」，義亦當如此。司
馬彪注：「陸沉，無水而沉也。」恐失之迂。《淮南》〈覽冥
篇〉云：「是謂坐馳陸沉，晝冥宵明。」則其義又如司馬說。
王本、崇文本改作「墮落」，妄也。盼遂案：「陸落」雙聲連綿
字，失意之貌。或作「牢落」、「遼落」、「寥落」，皆一聲轉
變。[22]

《論衡》〈謝短〉以「陸沉」喻儒生不知今世之貌，〈程材〉以
「陸落」喻儒生智用淺短之貌，兩處所喻其義類同，故「陸沉」與
「陸落」義亦相同，是以黃氏《校釋》注「陸落」時引及「陸沉」，
並謂「義亦當如此」。黃氏將「陸沉」與「陸落」聯繫起來考察，為
正確理解「陸沉」之詞義開闢了新的方向。

依黃氏言，「陸落」雙聲，其義猶沉淪也，劉氏申之曰「陸落」
又可寫作「牢落」、「遼落」、「寥落」等。「寥」、「遼」、「勞」、「陸」及
「落」諸字俱為來母，皆一聲之轉，故諸詞實一組同義聯綿詞。是故

---

21 黃暉：《論衡校釋》（北京：中華書局，2017年），卷12，〈謝短〉，頁622。
22 黃暉：《論衡校釋》（北京：中華書局，2017年），卷12，〈謝短〉，頁622。

陸落即寥落之義，表「失意之貌」。此義蓋從「落」之本義引申而來。《說文》〈艸部〉云「艸曰零，木曰落」，其實不必區分，零落亦雙聲也。零落則稀疏，稀疏則成衰敗之象，人之志氣稀疏衰敗則成失意之貌。略同此義的還有「淪落」，亦為雙聲，而「淪」與「沉」皆有落之義，故黃氏云「猶言沉淪也」。我們知道，漢語中存在多個意義相同或相近的單音詞組合成多個同義的複音詞的現象[23]，故「陸落」、「陸沉」、「沉淪」諸詞義皆相近，本義俱為沉落之象，引申為稀疏、失意等含義，《莊子》中「陸沉」的隱逸之義亦由此衍發，顧野王注為淪翳是正確的（但其後半句有誤）。「陸落」、「寥落」等既為一聲所轉之聯綿詞，則「陸落」之「陸」為因聲借用，與「陸」字本義並無關係。因之「陸落」、「陸沉」之「陸」不可從高平地、平地無水等意義出發作解釋（正如「陸梁」、「陸離」等含「陸」字的雙聲詞其義與陸地義俱無關），故黃暉云司馬彪以「無水而沉」解《莊子》是「失之迂」。至於《淮南子》中之「陸沉」，原非一成語，如前說述，乃取兩字相反為義，既非寥落之義，亦與《莊子》不同，其「陸」字恰源於高平地、平地無水等本義，是以司馬彪言「無水而沉」於《莊子》為不通，卻可通於《淮南子》，故黃暉云「《淮南》……其義又如司馬說」，大約司馬彪對「陸沉」的這一理解正是由《淮南子》得出，而後又用於注《莊子》之文，但《莊子》、《淮南子》二書之「陸沉」原各不同，遂致其注合於《淮南》而扞格於《莊子》。至於《論衡》中之「陸沉」，其含義亦從沉淪衍生，觀其與「盲瞽」對舉，整句謂儒生智術短淺，即欲興作發明亦有所不能也，故其義並非主動之隱逸沉淪，而是智術有所不逮，愚昧迂執，不通時務，不合時宜，故不能見用於上，遂處沉淪之位也，所謂非不為也，是不能也。而〈謝短〉之

---

23 向熹：《簡明漢語史（修訂本）》（北京：商務印書館，2010年），頁576。

所以用「陸沉」而不用〈程材〉之「陸落」（二者同義），蓋因「知古不知今，謂之陸沉」與「知今不知古，謂之盲瞽」皆韻文，「今」、「沉」皆侵部字，「古」、「瞽」皆魚部字，故此處只能取「陸沉」而捨「陸落」。

黃暉《校釋》所引還有些漢人注釋，值得清理。首先，蔡邕曰：「凝雨曰陸」，《釋名》〈釋地〉曰：「高平曰陸。陸，漉也，水流漉而去也。」畢沅《釋名疏證》即據此故云：「陸有流漉之誼。」[24] 然而，實際上並非「陸」有流漉之義，而是「陸」借音為「漉」，而漉有流漉之義（正如所引《說文》曰「漉，水下貌」）。《釋名》所言「高平曰陸」是「陸」本有之義，而「漉也」並非「陸」字本有之義，是作者試圖從字音角度加以訓解，但並不正確。「陸」之得聲與「漉」無關，乃從六得聲。「陸」甲骨文作 🔣；金文作 🔣，與甲骨文略同，從阜從重 𡴅；《說文》引籀文作 🔣，則又增一 𡴅 也。金文又或作 🔣，蓋省去兩 𡴅 形之一而在右側增一對稱的「阜」為飾；又或作 🔣，右側亦從兩 𡴅 形增減移易而來。而 𡴅 從六得聲，《說文》〈中部〉云「𡴅，……從中，六聲」，故陸字亦從六得聲（《說文》〈阜部〉云：「陸……坴聲」，實則「陸」、「坴」𡴅 均從六得聲）。因而「陸」與「漉」不可音訓，音同僅為巧合。《釋名》一書特點在於用聲訓解釋事物得名的緣由，但「從整體上看，聲訓的隨意性很大，《釋名》的許多解釋牽強附會，並不可靠」[25]。即如緊鄰「陸」字的「原」字條，《釋名》云：「廣平曰原。原，元也，如元氣廣大也」，按「原」與「元」音相近，而字義並無關聯，《釋名》試圖因聲求義，但也是不成功的。因之《釋名》對「陸」之解說其後半句並不可信，不過其能提示

---

24 〔清〕畢沅：《釋名疏證》，卷1，〈釋地〉，見《叢書集成初編》（上海：商務印書館，1936年），冊1152，頁22-23。

25 向熹：《簡明漢語史（修訂本）》（北京：商務印書館，2010年），頁14。

「陸」字常因聲而借用，這是有啟發的。例如《後漢書》〈馬援傳〉云「今更共陸陸」[26]，即借為「碌碌」字。其次，所謂「蔡邕曰：凝雨曰陸」，出自《文選》〈蜀都賦〉注，賦文云「指渠口以為雲門，灑澦池而為陸澤」，而注引蔡邕云「凝雨曰陸」，則未必云當。張銑注「陸澤」云「陸地之潤澤」[27]，與上句「雲門」相對，似於義更長。且蔡邕遠早於〈蜀都賦〉作者左思，此言顯然非為「陸澤」而發，今已不詳蔡邕之原文，或者亦是同音借用。

要之，「陸沉」本即沉落之義，引申為沉淪衰敗之貌，進而則為沉淪隱逸，主動之沉淪謂之隱逸，而被動之沉淪則為失意之貌，再轉而則為迂執、不合時宜之謂。以上各義皆與「陸」字高平地、平地無水等本義毫無關係。

## 四　察傳：魏晉及《世說》中之「陸沉」

從先秦到魏晉六朝，許多語詞的含義在保留本義的同時出現了新的衍生轉化。魏晉六朝時期，由於玄學的興盛，「陸沉」常用的仍是隱逸之義，尤多見於受玄學或佛、道兩教影響之人。如嵇康〈卜疑〉云「屈身隱時，陸沉無名」[28]，《弘明集》中後秦姚興下僧道恒、道標〈勸罷道書〉有「招肥遁於山林，搜陸沉於屠肆」[29]之語，皆隱逸之

---

26 〔南朝宋〕范曄撰，〔唐〕李賢等注：《後漢書》（北京：中華書局，1965年），卷24，頁833-834。

27 〔南朝梁〕蕭統選編，〔唐〕呂延濟等注，俞紹初、劉群棟、王翠紅點校：《新校訂六家注文選》（鄭州：鄭州大學出版社，2013年），卷4，頁236。

28 〔晉〕嵇康撰，戴明揚校注：《嵇康集校注》（北京：中華書局，2014年），卷11，頁236。

29 〔南朝梁〕僧祐撰，李小榮校箋：《弘明集校箋》（上海：上海古籍出版社，2013年），頁609。

義，不煩詳舉。此外文辭之士多用其沉淪之義。如陸機〈謝平原內史表〉云：「猥辱大命，顯受虎符。使春枯之條，更與秋蘭垂芳；陸沉之羽，復與翔鴻撫翼。」[30]從字面看，「陸沉之羽」即沉落在下不能奮飛之鳥，其中的「陸沉」顯然用的是沉落的本義，而整句則表達自己被授為平原內史後之榮幸，則「陸沉」又喻受職之前的沉淪之貌，故這一例雖晚出，卻能從中看出「陸沉」從本義到引申義的發展過程。用沉淪衰敗之義的還有不少，如曹植〈文帝誄〉云：「禮樂廢弛，大行張之。仁義陸沉，大行揚之。」[31]「陸沉」與「廢弛」對舉，是沉淪不振之意。《後漢書》〈袁紹傳〉章懷注引《太公金匱》云：「天道無親，常與善人。今海內陸沉於殷久矣，何乃急於元元哉？」[32]《太公金匱》不詳是何時書，大約當在漢、晉間，其中的「陸沉」亦沉淪困厄、不能興起之義。

　　以上是一些保留原義的語例，同時，顯著的變化也在發生。大約與二陸同時的司馬彪和郭象在注解《莊子》〈則陽〉時，均在肯定「陸沉」表隱逸的基礎上，將「陸沉」解為「無水而沉」，試圖為隱逸這一含義尋找更原始的來源。而由於郭注的影響，此後注《莊子》各家如顧野王、林希逸等也在繼續這種嘗試，並對其中「陸」的具體成分作出了不同的解釋（見前文），這顯然是由於郭注本身並沒有解說清楚。而當各家之間的解釋彼此分歧難融時，實際上提示了一個重新審視這一思路本身合理性的契機。但是，由於《莊子》和郭象注的經典地位，幾乎所有後來者在看到任何文獻中的「陸沉」時都很難不

---

30 〔晉〕陸機撰，劉運好校注：《陸士衡文集校注》（南京：鳳凰出版社，2007年），頁898。

31 〔魏〕曹植撰，趙幼文校注：《曹植集校注》（北京：人民文學出版社，2016年），頁510。

32 〔南朝宋〕范曄撰，〔唐〕李賢等注：《後漢書》（北京：中華書局，1965年），卷74，上，頁2395。

聯繫到郭象的這一注釋，因而郭氏這一解釋在事實上對後世理解「陸沉」一詞產生了極為重要的影響。

　　職是之故，魏晉六朝時，在對《莊子》中「陸沉」的解釋上其含義有了新的變化，但在實際使用中幾乎沒有使用陸地意義的語例。這裏要辨析陸雲在〈盛德頌〉中的一個語例。〈盛德頌〉為讚美漢高祖劉邦之作，其中有云：「豐沛之旅，其會如林。朱旗虹超，彤旆電尋。推師蕭曹，撫劍高吟。元戎薄伐，時罔不龕。淩波川潰，肆野陸沉。咸陽克殄，既係秦后。」[33] 其中「元戎」謂兵車，「薄」為語詞，「龕」借為「戡」。從前後文句看，「淩波川潰，肆野陸沉」處於攻克咸陽、子嬰出降之前，故表示摧枯拉朽般的戡定之勢。有注者據《毛詩》將「肆」解為征伐，將全句理解為「淩於波而河川潰敗，伐於野而陸野沉沒」[34]，照顧了上下句的對應，則其中「陸」被認為表示陸地之義，如此一來則與郭象等對《莊子》中「陸沉」的解釋類似（但仍有成分結構上的不同，見前文論郭象等部分，又，或以為「肆」不當解為征伐，「肆」、「野」相對，「肆」指房舍居處，「野」指無房之曠野，「肆野」連用泛指整片土地，如夏言《南宮奏稿》云「普沛肆野」、「肆野同歡」，則此處整句謂因「淩波川潰」而致土地沉沒，即所向披靡之義，則「陸沉」之「陸」不必有陸地之義，但這樣上下句則不相對應）。要之，設使此處「陸」字確為陸地之義，說明此時「陸沉」含義在實際使用中也出現了新的變化，但這一情況在魏晉六朝似只此一見。

　　回到對《世說》中「陸沉」的考察，結合魏晉六朝整體情況來

---

33　〔晉〕陸雲撰，劉運好校注：《陸士龍文集校注》（南京：鳳凰出版社，2010年），頁869。

34　〔晉〕陸雲撰，劉運好校注：《陸士龍文集校注》（南京：鳳凰出版社，2010年），頁871。

看，所謂「神州陸沉，百年丘墟」，此處的「陸沉」即沉淪、沉落之義，與前揭嵇康、陸機，尤其是曹植和《太公金匱》的語例一致。所謂「仁義陸沉」、「海內陸沉」、「神州陸沉」，皆謂主體正處於沉淪的狀態，未能興起，不復原先的正常情況。沉淪的主體可以是抽象的道德規範，可以是個人或天下百姓，同樣也可以是國土社稷，這種主體的靈活特點正說明主體和「陸沉」沒有直接的詞義關聯，任何主體的沉淪都可以用「陸沉」形容。「神州陸沉」中以陸地疆土為主體只是巧合，而絕非「陸沉」只能表示陸地之沉沒，且「陸沉」前已有「神州」作為主體，自不煩再由「陸」字重複表達，實際上，如前所述，「陸沉」之「陸」字本與陸地義無關。即使我們考慮到大約同時的〈盛德頌〉中的語例，也必須承認，〈盛德頌〉的語例和《世說》的語例在結構與意義上存在明顯的不同。按照前文所引，如果「肆野陸沉」意謂「伐於野而陸野沉沒」，其中的「肆野」不被看作一個名詞而是一個自我完整的動賓結構的話，這樣一來「沉」就必須單獨需要另一個主語，這一結構與此前「仁義陸沉」、「海內陸沉」、「神州陸沉」等顯然有很大不同，因而意義上也不必有所關聯。尤其是如果考慮到「神州陸沉」的下一句「百年丘墟」，其中「丘墟」為兩字同義，則上句的「陸沉」兩字也應屬同義較為可能。

## 五　餘論

　　《漢語大詞典》釋「陸沉」共六個義項，分別為：一、陸地無水而沉，比喻隱居，語例為《莊子》與《史記》。二、指隱逸之士。三、比喻埋沒，不為人知。四、比喻國土淪陷於敵手，語例為《世說》。五、愚昧迂執，不合時宜，語例為《論衡》。六、謂陸地沉入海底（《漢語大詞典訂補》無變化）。除第六項為現代意義無需討論外，

其餘均為古代意義。其中,如前所述,義項一中的比喻義及第二、三、五各義項均產生在魏晉以前,此時尚沒有用「陸沉」表示國土淪陷者。六朝以後,隨著《世說》的流行,受其影響而用「陸沉」表達國土淪陷之義的語例逐漸增多,尤其在詩詞、駢文之中更為常見,自此國土淪陷逐漸成為「陸沉」一個新的固定義項。至於《漢語大詞典》對「陸沉」本義的解說也是誤信郭象等之言,實不可從。對於「陸沉」的本義及從本義到引申義和新義項的演變,可以有以下幾點認識。

首先,「陸沉」的本義為沉落,引申可表各種人事之沉淪、衰敗、隱逸、失意、迂執、淪陷等一系列含義,但以上各義皆與「陸」字高平地、平地無水的字義毫無關係,諸家對「陸沉」的種種解釋如陸地沉沒、陸地無水而沉沒、在陸地上而沉沒、沉沒在陸地上等均屬迂曲求解,扞格難通,既非「陸沉」所本有,亦非正常引申所可得。然而,自郭象等將「陸沉」解為無水而沉後,後世對「陸沉」詞義的探源皆據此誤解而立說,概莫能外,故有正本清源之必要。

其次,詞語的意義隨著時間的推移而逐漸演變是語言學中的基本現象,對於詞義的演變,從結果看一般分為詞義擴大、縮小、轉移三種類型[35],葛本儀又區分出「深化」一類[36],而對於演變途徑或軌跡,葛本儀指出:「詞義的演變開始往往都源於語言運用中的臨時變化。人們在言語交際過程中,由於表達的需要,往往會創製一些新的語言成分。就詞義來說,這種新創製的成分主要表現為兩個方面。第一是創製新詞以表示新義。第二是通過引申、比喻、借代、特指等方法,採用舊詞產生新義項的形式以表示他義。這兩種臨時性的變化,一旦被大家承認並約定俗成下來,就會引起詞義系統中的某些演變和

---

35 王力:《漢語辭彙史》,見《王力全集》(北京:中華書局,2013年),卷4,頁110。
36 葛本儀:《現代漢語詞彙學》(北京:商務印書館,2014年),頁176-184。

發展。」[37]對於「陸沉」來說，《莊子》郭象注和《世說》的文句含義正類似（而並非直接就是）這種「臨時性的變化」，這種變化使「陸沉」和原無關係的「陸地」的含義產生了聯繫。郭象注是出於誤解，將陸誤解為「無水」（遂將「陸沉」誤解為一個比喻），而《世說》則是文句中本有「神州」表示陸地含義。這兩個例子之間原本也沒有直接關係，但由於二者都和「陸地」有某種聯繫，造成一種能夠互相證明的錯覺，遂使「陸沉」從此與「陸地」的含義糾纏不清。其後果是，一方面向上影響到對「陸沉」本義的探究（信從郭象說），一方面向下使此後「陸沉」在實際使用中產生了新的義項（使用《世說》含義），印證了「臨時性的變化，一旦被大家承認並約定俗成下來，就會引起詞義系統中的某些演變和發展」的規律，只不過變化來自於意想不到的誤解和偶然，並非正常的詞義引申、比喻等軌跡，這不禁讓人想起博爾赫斯所說的「隨著時間的進展，詞的原義會發生難以預料的變化」[38]。

再次，雖然六朝以後「陸沉」產生了新的義項，但原有義項如隱逸等仍見於使用。有些使用原有義項的語例偶爾也表現出受到郭象注的影響。例如杜甫〈風疾舟中伏枕書懷三十六韻奉呈湖南親友〉詩中云：「反樸時難遇，忘機陸易沉。」其中「陸沉」使用了原有的隱逸之義，但將兩字拆開的做法顯然是受到了郭象等注家從「陸」字本義出發求解的影響。不過這是罕見的例子。總體上看，儘管郭象對「陸沉」的解釋對後世產生了巨大的影響，但這種影響也僅限於對「陸沉」本義進行探究的層面，而幾乎不曾影響到實際使用的層面。郭象之後歷代文人在文學創作中使用「陸沉」一詞時仍指向隱逸、失意、

---

37 萬本儀：《現代漢語詞彙學》（北京：商務印書館，2014年），頁190。

38 〔阿根廷〕博爾赫斯著，王永年等譯：《探討別集》〈論古典〉（杭州：浙江文藝出版社，2008年），頁221。

淪陷等原有的引申義及疆土淪陷的新義項，而並未出現過指向郭象所謂本義的情況。即使上述杜詩顯示出受郭象的影響，其表達的仍是舊有的隱逸之義。假使杜甫不曾拆開使用「陸沉」二字，而是和大多數詩人一樣直接使用「陸沉」（如李白詩「爾見山吏部，當應無陸沉」），則甚至無法確定他是直接繼承了《莊子》的含義還是曾經受到郭象《莊子注》的影響。對後世文人學者來說，借用一種傳統的譬況，可以說郭象指出的本義就像一個虛無的「太極」，在實際運用中從不顯露自身，所呈現的只有衍生出的四象八卦等可形可見的義項，唯有當探求根本時「太極」才構成被指認的意義。類似這種某一語詞在直接使用中的含義和被解釋的本義之間的割裂情況在古人對詞源的探究中並不是孤立的現象，這種割裂也許正意味著一些所謂的本義其實只是一種被構建出來的虛幻的指認，隨著研究的推進，我們正有機會越來越接近詞語的真正本義，並探求其從本義到各引申義甚至新義項之間的發展軌跡。

——原載《重慶三峽學院學報》二〇二一年第一期

# 從鄭樵目錄學思想談《通志》〈藝文略〉類目數量

　　鄭樵，字漁仲，南宋興化軍莆田（今福建莆田）人，是我國古代著名的史學家，同時也是重要的文獻學家。他的《通志》〈校讎略〉是中國古代第一部系統的文獻學理論著作。在〈校讎略〉中鄭樵闡發了許多重要的文獻學思想，包括「求書八法」、「校書久任」、「編次必記亡書」等。其中最重要的當屬「編次必謹類例」之說。「必謹類例」即強調對文獻分類的特別重視，鄭樵認為「類例既分，學術自明」，只有在分類設置上臻於完善，目錄之書才能體現出應有學術價值。鄭樵不僅從理論上論述了的自己的文獻學思想，還把這種思想貫徹在自己所作的史志目錄《通志》〈藝文略〉中。當時四部分類法已在圖書編目中確立了主導地位，但鄭樵別開生面，在〈藝文略〉中採用了前所未有的十二大類的分法，並且設置了「類、家、種」的三級類目結構，第三級類目多達四百餘個，充分體現了他重視分類的文獻學思想。《通志》〈藝文略〉採用了十二大類的分法，這是毫無疑義的。但是，對於〈藝文略〉類目的具體數量，眾多研究者的認識並不一致，仍有繼續研究的必要。

## 一　《通志》〈藝文略〉具體類目數量的諸多異說

　　《通志》〈藝文略〉採用了十二大類的分法，這是毫無疑義的。

但是，對於〈藝文略〉的第二級和第三級類目的具體數量，長期以來眾說紛紜，這裏舉一些有代表性的意見：

姚名達《中國目錄學史》認為是十二類，一百五十五小類，二百八十四目[1]。

呂紹虞《中國目錄學史稿》[2]和王重民《中國目錄學史論叢》[3]均認為是十二類，八十二家，四百四十二種。

朱天俊《鄭樵目錄學思想初探》認為是十二類，一百家，四百三十二種[4]。

來新夏《古典目錄學淺說》認為是十二類，一百家，三百七十一種[5]；後來在《古典目錄學》中修訂為十二類，八十二家，四百三十種[6]。

徐有富《鄭樵評傳》認為是十二類，一百家，四百二十二種[7]。

張富祥《宋代文獻學研究》認為是十二類，七十一小類，三百八十四種[8]。

此外，張舜徽所著《中國文獻學》以及程千帆、徐有富合著《校讎廣義》〈目錄編〉二書雖沒有直接給出具體數字，但詳細過錄了〈藝文略〉的類目，如按二家所錄結果進行統計，結果與上述諸家說法也不一致。可以看出，以上諸家除了在一級類目上均同意十二類的結論以外，在二級和三級類目的具體數量上可謂眾說紛紜。

---

1　姚名達：《中國目錄學史》（上海：上海古籍出版社，2002年），頁84。

2　呂紹虞：《中國目錄學史稿》（武漢：武漢大學出版社，2012年），頁74。

3　王重民：《中國目錄學史論叢》（北京：中華書局，1984年），頁149。

4　朱天俊：〈鄭樵目錄學思想初探〉，《社會科學戰線》1978年第3期。

5　來新夏：《古典目錄學淺說》（北京：中華書局，1981年），頁127。

6　來新夏：《古典目錄學》（北京：中華書局，1991年），頁225。

7　徐有富：《鄭樵評傳》（南京：南京大學出版社，2011年），頁209。

8　張富祥：《宋代文獻學研究》（上海：上海古籍出版社，2006年），頁67。

　　要解決這一問題，我們應當從兩方面加以研究。首先，《通志》〈藝文略〉是一份沒有序文等理論說明的簡單目錄，鄭樵的理論集中在《通志》〈校讎略〉中，可以說〈藝文略〉正是在〈校讎略〉思想指導下的一個實踐。因此，深入理解〈校讎略〉中鄭樵的思想，尤其是關於類例的表述，是分析〈藝文略〉類目設置的一把鑰匙。其次，〈藝文略〉中雖然沒有理論說明，但文本中其實也有著能夠判斷其類目的準確可信的途徑。結合以上兩點，可以對〈藝文略〉的類目設置有更加準確與深入的認識，並能以此為基礎考察造成各家不同看法的原因與得失。

## 二　鄭樵「類書如持軍」的目錄學思想

　　對〈校讎略〉所體現的鄭樵目錄學思想，前人已貢獻了許多有價值的研究成果，但猶有未洽。其「類書如持軍」的思想就沒有受到充分理解。「類書如持軍」見於《通志》〈校讎略〉中的「編次必謹類例論六篇」中的第四篇，相關原文如下：

> （第二篇）……類例不明，圖書失紀，有自來矣。臣於是總古今有無之書，為之區別，凡十二類：經類第一，禮類第二，樂類第三，小學類第四，史類第五，諸子類第六，星數類第七，五行類第八，藝術類第九，醫方類第十，類書類第十一，文類第十二。經一類分九家，九家有八十八種書，以八十八種書而總為九種書，可乎？禮一類分七家，七家有五十四種書，以五十四種書而總為七種書，可乎？樂一類為一家，書十一種。小學一類為一家，書八種。史一類分十三家，十三家為書九十種。朝代之書則以朝代分，非朝代書則以類聚分。諸子一類分十一

家，其八家為書八種，道釋兵三家書差多，為四十種。星數一
類分三家，三家為書十五種。五行一類分三十家，三十家為書
三十三種。藝術一類為一家，書十七種。醫方一類為一家，書
二十六種。類書一類為一家，分上下二種。文類一類分二家，
二十二種。別集一家為十九種書，餘二十一家二十一種書而已。
總十二類，百家，四百二十二$^9$種，朱紫分矣。散四百二十二
種書可以窮百家之學，斂百家之學可以明十二類之所歸。

（第三篇）《易》本一類也，以數不可合於圖，圖不可合於
音，讖緯不可合於傳注，故分為十六種。《詩》本一類也，以
圖不可合於音，音不可合於譜，名物不可合於詁訓，故分為十
二種。《禮》雖一類而有七種，以《儀禮》雜於《周官》可
乎？《春秋》雖一類而有五家，以啖、趙雜於《公》、《穀》可
乎？樂雖主於音聲，而歌曲與管弦異事。小學雖主於文字，而
字書與韻書背馳。編年一家而有先後，文集一家而有合離。日
月星辰豈可與風雲氣候同為天文之學，三命、元辰豈可與九
宮、太一同為五行之書？以此觀之，《七略》所分，自為苟
簡；四庫所部，無乃荒唐！

（第四篇）類書猶持軍也。若有條理，雖多而治；若無條例，
雖寡而紛。類例不患其多也，患處多之無術耳。$^{10}$

對整個「編次必謹類例論六篇」加以梳理，可以看出其結構是先從反
面論述「必謹類例」的必要性，即因為類例不分導致了書籍散亡（第
一篇），然後詳述自己對類例的劃分（第二篇），以及細緻劃分的原因

---

9 「四百二十二」這個數字是有問題的，詳見後文。

10 〔宋〕鄭樵撰，王樹民點校：《通志》〈二十略〉（北京：中華書局，1995年），頁
1804-1806。

（第三篇），然後用「類書如持軍」的比喻對這種實際劃分加以總結（第四篇），最後再闡釋了劃分類例的重要正面價值，即在學術研究上有著「類例既分，學術自明」的功用（第六篇）。也就是說，「編次必謹類例論六篇」包括了理論和實踐兩方面，理論上其目的和意義是「類例既分，學術自明」，實踐上其具體方法即「類書如持軍也」。目前對理論方面的研究已有不少成果，但對於具體的「持軍」的方法似乎少有論及。實際上，第二篇和第三篇就是鄭樵對實踐層面的「持軍」的示範，從中可以看出，鄭樵的「持軍」包括兩個維度：一是在同級類目之間，類目設置應當根據內容不同而加以盡可能詳細的區分；二是在不同層級之間，類目設置應當做到完全涵蓋。實踐上做好這兩個方面，理論上才可能切實達到「類例既分，學術自明」的目的。

　　這兩個維度中，第一層較容易理解，而第二層尚未受到應有的重視，有必要加以闡發。所謂完全涵蓋，指不同層級之間的類目其外延在總和上是全等的，是可以互相覆蓋而沒有遺漏的。在第二篇中，鄭樵用「類、家、種」這三個層級名稱示範了這種完全涵蓋。例如「經一類分九家，九家有八十八種書」，就是說經類是第一級類目，其下有九個二級類目，再下有八十八個三級類目。而最終的關鍵是「散四百二十二種書可以窮百家之學，斂百家之學可以明十二類之所歸」一句，就是說這分散的這四百多個三級類目可以全部囊括那一百個二級類目，掌握了一百個二級類目就可以完全理解十二個一級類目的內涵。這就是「完全涵蓋」，如同軍隊中部伍建制一般整齊。鄭樵認為目錄分類與此類似，所以才用「持軍」作類比，即每一層分類其總和在外延上都是相等的（而不能出現某個二級目錄下沒有三級目錄的情況），也就是所謂「散之能窮」，這是分類上沒有遺漏；同時這樣一來，每一本書以及該書所體現的學問，都可以並且必須在每一個層級

中找到相應的位置，而沒有能逸出其外者，也就是所謂「斂之能窮」，這是學術上沒有遺漏。「散、窮、斂、明」的意義正在這裏，這正是鄭樵始終強調的用分類以體現學術（「類例既分，學術自明」）的目錄學思想在實踐層面的體現。

這種「類書如持軍」的思想至今尚沒有受到研究者應有的重視，其直接後果就是導致了許多研究者對〈藝文略〉具體類目數量這一問題認識的差異。

## 三　《通志》〈藝文略〉類目統計的依據及數量

如前所述，要解決〈藝文略〉類目數量問題，我們應當在深入理解〈校讎略〉思想的基礎上，回到〈藝文略〉文本本身，確定一個判斷其類目設置的準確可信的依據。

在〈藝文略〉文本中可以發現兩種統計類目的途徑，以經類為例：

> 經類第一
> 易
> 古易　石經　章句　傳　注　集注　義疏　論說　類例　譜　考正　數
> 圖　音　讖緯　擬易
> 《連山》十卷……
> 右古易三部，十六卷。
> 《石經周易》十卷……
> 右石經三部，十四卷。
> ……
> 右擬易二十九部，二百三十一卷。

　　凡易十六種，二百四十一部，一千八百九十卷。[11]

　　其中開頭列舉的「經類第一」是一級類目，「易」是二級類目，「古易、石經」等是三級類目，《連山》是「古易」類的第一部書，可以說層次分明，這是第一個途徑。此外，第二個途徑是，在三級類目「古易」的所有書之後，鄭樵有一個統計曰「右古易三部，十六卷」，在二級類目「易」的所有書之後，鄭樵也有一個統計曰「凡易十六種，二百四十一部，一千八百九十卷」，因此，書中每出現一個「右某若干部」即可判定為一個三級類目；每出現一個「凡某若干種」即可判定為一個二級類目。並且，「凡易十六種」同時還意味著前文應當出現十六個「右某若干部」，這對於統計來說又是一個絕佳的呼應與驗證（實際上〈藝文略〉涉及圖書的部數與卷數也可照此呼應統計）。

　　當分別採用兩種途徑統計後我們發現，第一種途徑在列舉中常有缺漏[12]，因此，第二種含有呼應和驗證的統計途徑是我們判定〈藝文略〉類目設置的最可靠依據。這種統計過程來新夏先生已經做過了，他說「我核查《通志》〈藝文略〉各家後的凡計，實際數是十二類八十二家四三○種。」[13]但他沒有詳細說明核查凡計過程中會遇到的一些小問題。如前所述，出現一個「右某若干部」即可判定為一個三級類目，但是，若某個二級類目下只有一個三級類目，如「故事」家、「儒術」家等，此時〈藝文略〉會省略三級凡計「右某若干部」，僅保

---

11 〔宋〕鄭樵撰，王樹民點校：《通志》〈二十略〉（北京：中華書局，1995年），頁1149-1157。

12 如「經解」家列目中缺「經解」一種，「算術」家列目中缺「算術」一種，「藝術」家列目中缺「藝術」一種等情況。

13 來新夏：《古典目錄學》（北京：中華書局，1991年），頁225。

留二級凡計「凡某某一種」。如果補全這種省略的三級凡計，那麼全部三級凡計「右某若干部」共四百三十一種；同時，全部二級凡計「凡某若干種」共為七十一家四百三十種。——這裏出現了兩個問題，第一，作為驗證，四百三十和四百三十一這兩個數字本應是相等的；第二，二級類目的數量與採取同樣方法的來先生的結論也不一致。

首先來看三級類數量上這一種的差別的原因。這一差別源自「類書」類的「類書」家。原文有「右類書上六十二部」、「右類書下七十部」兩個三級凡計，但二級凡計只說「凡類書一種，一百三十二部」。

也許我們還記得前文說的第一種統計途徑，但在這一類的開頭只有「類書類第十一」六個字，此下直接進入具體書名，因此第一種統計途徑對解決這一問題不能有所幫助，同時也恰好證明了前文所說的這種途徑常有缺漏的事實。

綜觀整個〈藝文略〉可以發現，有兩個與「類書類」情況類似的二級類目，分別是「霸史」和「職官」。這三者的三級凡計是同類型的：「右霸史上」、「右霸史下」；「右職官上」、「右職官下」；「右類書上」、「右類書下」。而二級凡計則略有不同：「凡霸史上下」（按二種計）、「凡職官二種」、「凡類書一種」。「霸史」和「職官」的呼應是吻合的，形式上具有範例作用，按照服從多數的原則，可以初步認為這裏的「凡類書一種」是鄭樵的偶誤，應當作二種。

其次來看第二個差異。在二級類目上，文中只有七十一個「凡某若干種」，即七十一個二級分類。但是鄭樵在「道家」、「五行」、「醫方」、「別集」四個二級分類下又插入了「一二三」或「上下」的劃分，具體情況為，二級類目「道家」名稱下先小字列出「老子」至「修養」二十五目，然後跳行大書「道家一」，跳行書具體書名「老子道德經二卷」，以此類推，在「傳」、「科儀」、「外丹」的具體書名

前分別加書「道家二」、「道家三」、「道家四」，但都沒有類似「右道家幾」的凡計，只有全部道家最後有凡計「凡道類二十五種」。「五行」類所加為一至四，「醫方」類所加為上下，「別集」類所加為一至五，具體同前。

如果嚴格按照凡計來看，那麼「凡道類二十五種」表示「道類」就是一個二級類目，但這樣完全無視這種「一二三」的劃分不利於深入考察鄭樵的用心，也過分拘泥於統計規則，同時，這種「一二三」、「上下」的情況與前述「類書」上下的問題有相似之處，因此我們可以把它們綜合起來，從形式、內容與旁證三個方面深入探究。

從形式上看，如前所述，「霸史」和「職官」各自凡計的呼應是吻合的，形式上具有範例作用，因而這種「上下」應當分別獨立看待。並且，從所收圖書內容上看，「霸史上」所收都是關於南北朝之書，「霸史下」所收都是關於唐末五代之書；「職官上」所記是漢晉南朝隋唐書，「職官下」所記是唐末五代宋書，說明「霸史」和「職官」分別區別上下是有原因的，同樣，「類書上」收宋以前類書，「類書下」專收宋代類書，因而其上下也是應該各自獨立的。推而言之，「道家」、「五行」、「醫方」、「別集」所加區分也各自有一定獨立性的：道家一為經典，道家二為傳記，道家三為科儀內視，道家四為丹藥；五行一為占筮，五行二為陰陽，五行三為命理，五行四為堪輿；醫方上為本草，醫方下為病理；別集一至五顯以朝代區分。以上劃分與命名當然是極為粗疏的，但各小類內部的相關性與各小類之間的獨立性是明顯的。這絕非是出於卷帙繁多而進行的分節，而是和其他數百個類目共同體現了鄭樵在分類上精益求精的一貫思想，也就是文章開頭所說的「類書如持軍」的第一個維度：在同級類目之間，類目設置應當根據內容不同而加以盡可能詳細的區分。

再來說說旁證。這個旁證正是前文所引的「編次必謹類例論六

篇」的第二篇及第三篇。第二篇對全部十二類的三層類目設置所言甚
詳，因此許多研究者就將該篇末尾的總述直接視作〈藝文略〉類目的
結論。但事實並非如此，這其中有兩個問題，一是該篇本身有內在錯
誤，二是其所述不完全符合〈藝文略〉實際情況。先說第一點。如前
所引，「經一類分九家，九家有八十八種書」，即經類下有九個二級類
目，八十八個三級類目。此下直到類書類，這十一類的文句本身都沒
有問題，到最後文類第十二類，鄭樵說「文類一類分二家，二十二
種。別集一家為十九種書，餘二十一家二十一種書。」前半句說文類
共二家，後半句說別集一家和餘二十一家，則共是二十二家；前半句
說文類共二十二種，後半句說十九種和二十一種，則共是四十種。前
後矛盾，其中必有錯訛[14]。據〈藝文略〉文本的凡計，文類共有二十
二個「凡某若干種」，四十個「右某若干部」，因此〈校讎略〉的這句
話可校改為「文類一類分二十二家，四十種。別集一家為十九種書，
餘二十一家二十一種書。」可以推測原句可能是因數字相涉而訛。這
一改之後，原文最後「總十二類，百家，四百二十二種」的結論也得
改為「總十二類，百家，四百三十二種」。這個總計也曾被一些學者
作為〈藝文略〉類目數量的結論，但不幸的是，改後的數字和我們用
〈藝文略〉凡計得出的結果仍有差異──這正是第二個問題：該篇的
描述與〈藝文略〉實際情況有所不符。如經類按凡計為九家八十九
種，而該篇稱九家八十八種；五行家拋開一至四的問題，其種數按凡
計為三十種無誤，而該篇稱三十三種；別集家拋開一至五的問題，其
種數按凡計為二十種無誤，而該篇稱十九種。對此可以推測為筆誤、

---

14 此處文字據王樹民點校的《通志》〈二十略〉，王氏對該段文字並沒有出校勘記，表
  明這段文字在其所校的眾多版本中並無異文。按王氏的參校本中包括元大德刻元
  明遞修本《通志》，這是現存最早的《通志》版本，《中華再造善本》〈金元編〉中
  即收有此本。考再造本中此處文字與王氏點校本同，故可信王氏所參考諸本於此並
  無異文。

數字相近而訛，也可以看做〈校讎略〉與〈藝文略〉成書時間不同而鄭樵有所改動。但從兩者對禮、樂、小學、史、天藝術等類的相同描述看，即便有所改動，也是比較微小的，因此雖然不能直接利用，但仍有很高的參考價值。我們注意到，該篇中說「類書一類為一家，分上下二種」，這對我們前述的類書類問題是重要旁證，說明我們認為類書家當作「兩種」的結論是可以成立的。

另外，該篇說五行類三十家三十三種，而〈藝文略〉凡計一家三十種（即便將一至四獨立也是四家三十種，相去甚遠），又該篇「醫方」、「別集」等的敘述，與凡計一致，並不能體現出有「一二三」的劃分，看似對解決前文問題無甚幫助。實際上之所以說這兩篇有很高的參考價值，不僅是指其中所列的數字，更重要的是鄭樵在此闡釋的分類思想。細讀第三篇文字，可知鄭樵的分類思路是精益求精的，所謂「不患其多」，這種分類必精的思想在該篇中體現為「讖緯不可合於傳注」、「以《儀禮》雜於《周官》可乎」等理論表述，在〈藝文略〉中則體現為具體的類目設置和「一二三」式的劃分，兩處同出一源，甚至《藝文略》中更進一步。該篇中說「易類」下分數、圖、音、讖緯、傳注等，「五行類」下分三命、元辰、九宮、太一等，而〈藝文略〉不僅體現了這樣的區分，更把太一分入「五行一」、九宮、元辰分入「五行二」、三命分入「五行三」，這也可以從一個角度說明前述〈校讎略〉和〈藝文略〉之間有所修改的推測。因此我們不能孤立地根據該篇「醫方一類為一家」就認定〈藝文略〉醫方類設置是一個二級分類，而應當將「一二三」、「上下」這樣的劃分理解為鄭樵對〈校讎略〉中思想在實踐中的進一步發展[15]。

---

15 鄭樵在《通志》〈校讎略〉的〈崇文明於兩類論一篇〉中稱讚《崇文總目》說「雜史一類雖不標別，然分上下二卷，即為二家」，這一稱讚的關注點即體現了不標名目而隱為區別的思想。

那麼鄭樵何以不為「上下」、「一二三」這類劃分獨立命名並清晰地設置層次呢？這一方面可能是因為沒有找到一個名稱來對其加以合適概括（尤其是按時代劃分的別集），另一方面如果將「一二三」等獨立成一個層級，那麼如道家類將產生「諸子—道家—道家——老子」這樣的四級分類，別集類也會出現「文—別集—別集——楚別集」的四級分類，這勢必對鄭樵精心構建的完整的三級分類的結構造成破壞。假如孤零零地出現了「老子」、「楚別集」等若干個四級類目，鄭樵將如何做到他所說的「散四百二十二種書可以窮百家之學」，將如何實現不同層級之間的完全涵蓋？這種不和諧是鄭樵不能忍受的。因此可以說，使用「一二三」式的劃分是鄭樵的折中變通之法，既保持了三級的分類體系的整齊，同時又透露出一些類目間的獨立性，這既是鄭樵突破前人的地方，同時也是他被自己所局限的地方。鄭樵以分類精益求精的思路前無古人地開闢了完整的三級分類體系，然而同樣在求精的思路下必然會出現了有些三級分類尚不夠精確、不能完全包含的地方。面對隱約出現的四級分類的趨勢，鄭樵採取了折中的方法。假設他大膽地沿著這個思路繼續前進，不考慮層次的整齊而持續往下劃分的話，就會成了類似如今常見的如「中圖法」等分類體系，這將是一個偉大的前進，但這既非鄭樵的時代所能允許，也與他推重會通的總體思想不相契合。

因此，現在我們對於〈藝文略〉類目的統計，應當體現出「一二三」的劃分，但同時又不能突破鄭樵的三級結構，所以對於「諸子——道家——道家一——老子」這樣的四級分類，我們取消原第二層「道家」，直接把「道家一」、「道家二」等升為二級類目，其餘不涉及四級分類的就直接加入「一二三」的劃分，這是最能符合鄭樵分類思想的做法，既保持了整齊的「類書如持軍」的三級分類體系，同時用「一二三」的獨立體現鄭樵「必謹類例」、「不患其多」的重要思

想。機械的數字統計並不是目的，不能因此而掩沒了其背後蘊含的深刻內涵。由此我們最終得出的結論是，〈藝文略〉的具體類目數量應為十二類，八十二家，四百三十一種。

## 四　對各家異說之分析

在得出具體的統計結論之後，可以以此為基準，考察造成各家說法差異的原因。前揭各家說法中，姚、呂、王、張、程數家詳細列出了各自所認可的〈藝文略〉類目表，現將各家說法列成下表（其中王重民與呂紹虞全同），並加上鄭樵〈類例論〉的說法和本文結論兩項，以便對比分析。

### 表一　《通志》〈藝文略〉第二、三級類目數量各家異說比較表

| | 姚名達 | 呂、王 | 張舜徽 | 程千帆 | 張富祥 | 類例論 | 本文 |
|---|---|---|---|---|---|---|---|
| 1經 | 9，89 | 9，89 | 9，89 | 9，90 | 9，89 | 9，88 | 9，89 |
| 2禮 | 7，54 | 7，54 | 7，55 | 7，54 | 7，54 | 7，54 | 7，54 |
| 3樂 | 11，0 | 1，11 | 0，11 | 1，11 | 1，11 | 1，11 | 1，11 |
| 4小學 | 8，0 | 1，8 | 0，8 | 1，8 | 1，8 | 1，8 | 1，8 |
| 5史 | 13，85 | 13，96 | 13，89 | 13，87 | 13，62 | 13，90 | 13，90 |
| 6諸子 | 11，39 | 14，48 | 11，39 | 11，39 | 11，48 | 11，48 | 14，48 |
| 7天文 | 3，15 | 3，15 | 3，15 | 3，15 | 3，15 | 3，15 | 3，15 |
| 8五行 | 30，0 | 4，30 | 0，30 | 1，30 | 1，30 | 30，33 | 4，30 |
| 9藝術 | 16，0 | 1，17 | 0，17 | 1，16 | 1，17 | 1，17 | 1，17 |
| 10醫方 | 27，0 | 2，26 | 0，26 | 1，26 | 1，26 | 1，26 | 2，26 |
| 11類書 | 0，0 | 1，2 | 2，0 | 1，2 | 1，1 | 1，2 | 1，2 |
| 12文 | 22，0 | 26，40 | 0，22 | 1，22 | 22，23 | 22，40 | 26，41 |

| | 姚名達 | 呂、王 | 張舜徽 | 程千帆 | 張富祥 | 類例論 | 本文 |
|---|---|---|---|---|---|---|---|
| 合計一 | 155，284 | 82，442 | — | — | — | 100，422 | — |
| 合計二 | 157，282 | 82，436 | 45，401 | 50，400 | 71，384 | 100，432 | 82，431 |

注：表中合計一係指各家明確直接給出的總數字，合計二是按照各家列舉所統計出來的數字，二者有時稍有出入。

　　表中沒有列出來新夏先生的統計，因為來先生《古典目錄學》的第五章第三節裏的結論與本文只差一種。原本來先生在《古典目錄學淺說》第二章第四節裏講到〈藝文略〉時，認為鄭樵的劃分是「十二類，百家，三七一種」[16]。幾年後重新撰寫《古典目錄學》時則認為應該是「十二類，八十二家，四百三十種」，並標有一條注釋云「對類、家、種的數字，學者們有不同的計算結果。……我核查《通志》〈藝文略〉各家後的凡計，實際數是十二類八十二家四三○種。」[17]來先生做了認真的統計，他的方法也與本文一樣採取了凡計的統計，因此所得數字與本文結論只少一種，差異當是在「類書類」，因為凡計中只說「凡類書一種」，因而來先生沒有把「類書」上下獨立出來。

　　此外與本文結論最接近的就是呂紹虞先生與王重民先生的統計了。呂紹虞先生的《中國目錄學史稿》第三章第三節和王重民先生《中國目錄學史論叢》第三章第八節都詳細列舉了〈藝文略〉類目，並統計為十二大類，八十二小類，四百四十二種（合計一）。二家所列細目相同，據細目統計（合計二）則實際為八十二小類，四百三十六種（自身差異在「別集類」）。與本文的差異一是正史類，將「宋齊梁陳書、後魏北齊後周隋書」分開計為「宋、齊、梁、陳、後魏、北齊、後周、隋」，多了六種，二是文類，漏舉「別集詩」一種。如去

16　來新夏：《古典目錄學淺說》（北京：中華書局，1981年），頁127。
17　來新夏：《古典目錄學》（北京：中華書局，1991年），頁225。

六添一則適與本文結論四百三十一種相同。

　　姚名達先生在《中國目錄學史》的〈分類篇〉裏以圖表形式列出了〈藝文略〉的分類，並統計為十二類，一百五十五小類，二百八十四目（合計一），但是按照其所列舉相加實際應為一百五十七小類二百八十四目（合計二）。與本文差異在於，首先姚氏將如「道家」一至四等劃分合併算作一小類，其次又將「樂」、「小學」、「五行」等類的三級類目升為二級類目，因此出現許多三級類目數量為零的情況。可以看出，姚氏的分類態度是認為同級之間和上下級之間的分類如果相同，就沒有獨立的必要，遵守了「分類必須體現不同」的邏輯原則。因此同級之間如「一二三」的，上下級之間如「樂」大類只有一個二級目錄，這些劃分在姚氏看來都是沒有必要的，所以他將「一二三」這樣的算作一種，將「樂」這樣的二級類目去掉，將三級類目升為二級。這種「分類必須體現不同」的原則有一定的現代科學性，但如前文所述，這並不符合鄭樵「類書如持軍」的思想，鄭樵是有意設置了與一級分類完全相同的二級分類的。此外，姚氏的小失誤還包括「正史類」分「宋齊梁陳書、後魏北齊後周隋書」為「宋、齊、梁、陳、後魏、北齊、後周、隋」，「編年類」分「魏吳」為二，「雜史類」分「魏晉」為二，「地里類」分「都城宮苑」為「都城、宮苑」並多「塔寺」一目，「藝術類」漏掉了「藝術總」，「醫方類」分「明堂針灸」為「明堂、針灸」，大多是由於二級分類後的列目與凡計本有出入，姚氏據列目而未核凡計。因此姚氏的統計方法和結論都是不夠准確的。

　　張舜徽先生在《中國文獻學》第八編第四章裏抄錄了〈藝文略〉的分類，但沒有給出明確數字[18]。張氏大體按照〈藝文略〉所列的細

---

18 張舜徽：《中國文獻學》（上海：上海古籍出版社，2005年），頁215-218。

目過錄，以大字作一二級分類，小字作三級分類。「樂」、「小學」、「五行」、「藝術」、「醫方」、「文」等大類下列小字，「霸史」、「職官」、「類書」下列「上下」；「故事」、「儒術」、「法家」等下空白。張氏沒有明確的文字或數字來具體論述〈藝文略〉分類等級，因此表中所列僅為根據字體大小的擬測，據此，則張氏捨掉了許多二級分類，這一點與姚名達類似，此外張氏的小失誤還包括其「經解類」的「經解」目作「通義」，「儀注類」分「王國州縣儀注」為「王國州、縣儀注」，「道家類」合「內視、導引」為一等。

程千帆、徐有富二先生合著的《校讎廣義》〈目錄編〉第四章第三節裏抄錄了〈藝文略〉的分類，也沒有給出明確數字[19]。其所列大體與張舜徽先生形式相同，以大字作一二級分類，小字作三級分類。與張氏不同在於，其保留了許多二級類目，如「樂」、「小學」、「五行」、「藝術」、「醫方」、「文」等大類下先以大字列「樂」、「小學」等二級類目，再以小字列三級類目，除去「文」類未按鄭樵的體系外，其餘大體沿用了鄭樵的凡計，只是省掉了許多與二級分類相同的三級分類。此外，其小失誤還包括列舉中「易類」分「論說」為二，「雜史類」合「隋、唐」為一，「傳記類」合「名號、冥異」為一，「道家類」合「內視、導引」為一，「藝術類」漏舉「畫圖」一目[20]。

張富祥先生在《宋代文獻學研究》第二章第二節抄錄了〈藝文略〉的分類，對二級類目，他將所有的「上下」或「一二三」合併，故為七十一類，對於三級類目，他雖按照凡計抄錄為四百三十一種（與本文同，類書上下算二種），但其後分析稱類目分上下或按時代劃分均不合理，應當合併分上下或僅以時代劃分的若干種，「那麼種

---

19 程千帆、徐有富：《校讎廣義》〈目錄編〉（濟南：齊魯書社，1988年），頁142-146。
20 以上所舉小失誤在河北教育出版社二〇〇〇年出版的《程千帆全集》第三卷《校讎廣義》〈目錄編〉中均已改正並用方框標出，見該書頁107-110。

數就應該減少四十七種，」十二大類、七十一小類、三百八十四種「才是它的真實分類體系」[21]。如前所述，這種合併是不符合鄭樵思想與本意的。

　　此外，還有十二類，一百家，四百三十二種的說法（如朱天俊等）；十二類，一百家，四百二十二種的說法（如《鄭樵評傳》等），兩者都源自鄭樵〈類例論〉，不同之處在於一個經過修正，一個照錄鄭樵原文，其誤已見前文分析。另外更有其他不同的結論，大都是統計方式不妥或未能理解鄭樵的分類思想，此處不詳論辯。

## 五　結語

　　當面對各家對〈藝文略〉類目數量的不同說法時，更重要的不是具體的數字，而是不同的數字背後反映出的學者們對鄭樵分類系統的不同理解。不同的理解體現出的是鄭樵「類書如持軍」的目錄學思想至今尚沒有受到研究者應有的重視。因此對於〈藝文略〉的類目數量的研究，首先要對鄭樵的目錄學思想做更加深入的理解，在此基礎上用恰當的標準進行統計，在出現矛盾或疑惑時，不要過於拘泥機械的方法或數字，而應當體會鄭樵的分類思想，從前後文體例、收書內容等方面進行考察，得出最能準確描述鄭樵的分類系統的數字，這樣的數字才更加有意義。因此本文的結論是，《通志》〈藝文略〉具體類目數量是十二大類，八十二小類，四百三十一種，這不僅解決了眾說紛紜的類目數量問題，更深化了對鄭樵目錄學思想的認識。

—— 原載《圖書館研究與工作》二〇一八年第十期

---

21 張富祥：《宋代文獻學研究》（上海：上海古籍出版社，2006年），頁67。

# 國圖藏四卷本《趙梅峰先生遺稿》價值考述

　　中國國家圖書館藏《趙梅峰先生遺稿》四卷，作者為明代中晚期理學家趙仲全。趙仲全《明史》無傳，根據方志可知，趙仲全，字文質，學者稱梅峰先生，南直隸寧國府涇縣人，大約生活在明代正德、萬曆時期。趙仲全少補諸生，後棄舉業，一生教授鄉里，著有《道學宗師錄》、《道學正宗》、《梅峰語錄》、《易學洪範會極》等書[1]。清嘉慶間趙氏後人趙紹祖整理鄉賢文獻，刻為《涇川叢書》，其中收入趙仲全《梅峰語錄》二卷[2]，趙紹祖在卷末跋文稱，除《語錄》外「公所著尚有《易學洪範會極》十卷、《道學正宗錄》五卷（原注：一云十七卷）、《趙氏家規》著書，今惟《家規》存」[3]，可見其時趙仲全的著作多已失傳。到民國時《家規》亦不可見，只有二卷《語錄》存於《涇

---

1　據〔康熙〕《寧國府志》卷18、〔嘉慶〕《寧國府志》卷28、〔嘉慶〕《涇縣志》卷18、〔光緒〕《安徽通志》卷二二〇、《四庫全書總目提要》卷96等。

2　《涇川叢書》卷首總序為趙仁基道光十二年（1832）所作，但所收各書的趙紹祖跋文落款多在嘉慶四年至二十餘年不等，如《梅峰語錄》跋在嘉慶五年（1800），然無至道光朝者。葉德輝《書林清話》論清代匯刻鄉賢之叢書時稱嘉慶朝有趙紹祖《涇川叢書》，又法式善《陶廬雜錄》稱「《涇川叢書》明人著錄三十種，國朝人著錄十一種」，法式善卒於嘉慶十八年，知《涇川叢書》隨輯隨刻，至嘉慶中已具規模。今《叢書》所收種較《陶廬雜錄》所記為多，是此後仍有陸續刻入者。道光十二年趙仁基序文謂其來宰涇邑，讀趙紹祖《涇川叢書》而為之序，亦可證全書此前已完竣，此序當為重印時補冠。

3　〔明〕趙仲全：《梅峰語錄》，〔清〕趙紹祖輯《涇川叢書》本，趙紹祖跋。

川叢書》中，後又被收入《叢書集成初編》，流傳頗廣。然而國圖所藏
的四卷本《趙梅峰先生遺稿》表明二卷本的《語錄》並非全本。

國家圖書館藏《趙梅峰先生遺稿》[4]二冊四卷，明刻本，半葉九
行、行二十字，四周單邊，白口，單魚尾。首末葉有「北京圖書館
藏」印。卷首有序五篇，卷一至卷三為《趙梅峰先生語錄》，卷四為
《趙梅峰先生詩集□稿》，卷末有趙健《刻趙梅峰先生遺稿跋》一
篇。全書由趙仲全之子趙健匯輯，參加校勘的則有「門侄士」、「孫
婿」等，序跋中落款最晚的是萬曆四十六年（戊午，1618），可見是
萬曆末的家刻本。據《中國古籍總目》及「全國古籍普查登記基本資
料庫」，該書只有國家圖書館藏四卷本一種。

此前，《涇川叢書》中的二卷本《梅峰語錄》長期成為趙仲全著
作的唯一版本。然而，相較於國圖藏《遺稿》本，二卷本《語錄》有
很大的不足。首先，國圖藏《遺稿》本中《語錄》為三卷，總計語錄
二百四十六條；而《涇川叢書》本《語錄》為二卷，總計一百九十二
條，較《遺稿》本共缺五十四條。其次，《遺稿》卷首卷末有萬曆原
刻序跋六篇，而《涇川叢書》本只有一篇清代趙紹祖跋文。況且，
《遺稿》在《語錄》之外還有趙仲全詩集一卷。這些都顯示出國圖本
《遺稿》對趙仲全研究具有的重要價值。

## 一　《遺稿》六篇序跋的價值

國圖本《趙梅峰先生遺稿》卷首有序文五篇，依次是萬曆丙申
（二十四年，1596）夏蔡國珍撰《趙梅峰先生遺稿序》、萬曆丙申秋許
孚遠撰〈趙梅峰先生遺稿序〉、萬曆壬寅（三十年，1602）六月郭子章

---

4　國家圖書館善本書號〇九一六四。國圖著錄稱萬曆二十四年本，不確，當為萬曆四
　　十六年，見下文。

撰〈趙梅峰先生語錄序〉、萬曆四十六年（1618）嘉平月曹谷撰〈趙梅峰先生語錄跋〉、萬曆丙申春王正月張應泰撰〈趙梅峰先生遺稿序〉[5]，每篇序末尾均有作者名章一或二方（詳見表一）。卷末有萬曆二十四年正月趙健撰〈刻趙梅峰先生遺稿跋〉。這六篇原刻序跋在《叢書》本中皆無，可見趙紹祖獲贈的蕭氏家藏本乃是一個不全之本，否則趙紹祖在刻入《涇川叢書》時必不至刊落序文[6]。這些序跋是國圖本《遺稿》重要價值的的體現。

### 表一　國圖本《遺稿》卷首序文名章情況

| 序文作者 | 名章內容 | 備註 |
|---|---|---|
| 蔡國珍 | 汝聘氏（朱）、太宰之章（白） | 蔡國珍字汝聘，時任南京吏部尚書，故稱「太宰」 |
| 許孚遠 | 敬菴山人（白） | 許孚遠號敬庵 |
| 郭子章 | 郭氏相奎（白）、子章之印（白）、寄園居士（朱） | 郭子章字相奎，號寄園居士 |
| 曹谷 | 曹谷印（朱） | |
| 張應泰 | 張應泰印（朱）、壬辰進士（白） | 張應泰為萬曆壬辰（二十年，1592）進士 |

　　首先，從序跋中可見《遺稿》成書的基本情況。六篇序跋依照落款時間先後看，依次是萬曆二十四年（1596）正月的張應泰序、趙健跋，同年夏蔡國珍序，同年秋許孚遠序，萬曆三十年（1602）郭子章序，萬曆四十六年（1618）曹谷跋。張應泰序中稱趙仲全去世時趙健

---

5　蔡國珍的序文中說他看到過張應泰和郭子章的兩篇序，而這兩篇序的落款時間都在蔡序之後。

6　按趙紹祖跋文中提到了郭子章序文中的語句，考郭氏此序收入其《黔草》卷十一，趙紹祖可能是從此書中見到該序，而非其所得《語錄》有該序。

「奔自漢中,念亡所寄其永慕,亦唯是一二手澤是存,則稍稍裒而授
之殺青。既竣事,械一帙西昌曰,試為序之」[7],趙健跋文也說「謹
摭拾殘篇斷簡,授之殺青,以示子孫,俾弗墜先君教」[8],可見趙仲
全去世後不久趙健即著手將其平時語錄及詩文手跡匯輯一編,校刻殺
青,並倩人作序,既是為了紀念,也是為了傳承趙仲全的家教。張應
泰序中說「既竣事」[9],同年夏蔡國珍序中稱「茲得其遺稿讀之」[10],
秋許孚遠序稱「得乃祖梅峰先生遺稿讀之」[11],可見最初一次校刻當
在萬曆二十四年已完成。其後萬曆三十年郭子章序稱「以封比部公梅
峰先生語錄見示」[12],四十六年曹谷跋稱「出其先翁梅峰語錄一帙示
余」[13],值得注意的是,郭、曹二人的序跋題名和行文中提到的都是
《梅峰語錄》而非《遺稿》,大約二十四年《遺稿》初刻後《語錄》
曾經單行。而現今所見的這個本子當是補入較晚序跋的後印本,時間
當在萬曆四十六年(1618)。

其次,據序跋可以訂正方志中對趙仲全享年記載的不確。趙仲全
具體生卒年不詳,以〔康熙〕《寧國府志》為代表的各方志均只稱趙
仲全「年八十八卒」[14],然而張應泰序中則稱趙仲全「春秋九十高始
化」[15]。張應泰和趙仲全的兒子趙健、孫子趙選均相交匪淺,所言可
信,故方志所記不確,趙仲全享年應為九十。並且如前所述,趙仲全

---

7　〔明〕趙仲全:《趙梅峰先生遺稿》,國家圖書館藏明刻本,張應泰序,葉3b。

8　〔明〕趙仲全:《趙梅峰先生遺稿》,國家圖書館藏明刻本,趙健跋,葉1a-1b。

9　〔明〕趙仲全:《趙梅峰先生遺稿》,國家圖書館藏明刻本,張應泰序,葉3b。

10　〔明〕趙仲全:《趙梅峰先生遺稿》,國家圖書館藏明刻本,蔡國珍序,葉1b。

11　〔明〕趙仲全:《趙梅峰先生遺稿》,國家圖書館藏明刻本,許孚遠序,葉2b。

12　〔明〕趙仲全:《趙梅峰先生遺稿》,國家圖書館藏明刻本,郭子章序,葉1b。

13　〔明〕趙仲全:《趙梅峰先生遺稿》,國家圖書館藏明刻本,曹谷跋,葉1b。

14　〔清〕莊泰弘等:〔康熙〕《寧國府志》,見《中國方志叢書・華中地方》(臺北:成
　　文出版社,1985年),第692號,頁1526。

15　〔明〕趙仲全:《趙梅峰先生遺稿》,國家圖書館藏明刻本,張應泰序,葉3a。

去世不久趙健其匯輯遺稿，事在萬曆丙申（1596）正月，則趙仲全去世當在上年乙未或稍前，據此上溯，則趙仲全出生當在正德元年（丙寅，1506）或稍前。

　　由序跋可見趙健輯刻《遺稿》、推揚其父的功勞。《遺稿》為趙仲全之子趙健輯刻。據方志及《明實錄》等記載，趙健，字行吾，是趙仲全長子，隆慶間與弟趙伸同中鄉舉，萬曆五年（1577）進士。授刑部主事，出守湖廣辰州府，治民有聲。歷陝西按察，轉貴州左布政使，萬曆三十三年（1605）撫御苗播有方。三十八年（1610）入為光祿寺卿，四十年升為通政使，天啟三年（1623）起為南京太僕寺卿，五年（1625）罷歸[16]。趙健宦秩既高，就藉此為父親請得封號，〔康熙〕《寧國府志》說趙仲全「以健仕，封中奉大夫」[17]，張應泰序文也說「先生以嗣君方岳公貴，再晉封秩比二千石」。趙仲全去世後趙健即匯輯遺稿，校勘付梓，並倩諸友為作序文。《遺稿》卷首五序的作者中，蔡國珍是分守辰沅時結識了時任辰州知府的趙健，涇縣令曹谷曾請學於趙健，許孚遠是趙健之子趙選的老師，張應泰亦是因趙選而結識其父趙健，而郭子章更是趙健的頂頭上司——趙健曾參與萬曆三十三年（1605）撫御苗播，當時趙健任貴州左布政使，而巡撫就是二十八年（1600）平楊應龍的重要功臣郭子章，趙健後來的升遷亦多憑了此次平播的軍功，可以說這是趙健一生最緊要的功業。可見，這五篇序的作者都是通過趙健才得聞仲全之名，得觀梅峰之書，為之作序亦出趙健之屬，如許孚遠序說趙健「特遺書屬之以序」[18]，張應泰序

---

16 據〔康熙〕《寧國府志》卷18、《明神宗實錄》卷420、卷469、卷495、《明熹宗實錄》卷34等。

17 〔清〕莊泰弘等：〔康熙〕《寧國府志》，見《中國方志叢書·華中地方》（臺北：成文出版社，1985年），第692號，頁1526。

18 〔明〕趙仲全：《趙梅峰先生遺稿》，國家圖書館藏明刻本，許孚遠序，葉4b。

中稱趙健「械一帙西昌曰試為序之」[19]。諸序跋中並無趙仲全本人的直接友朋，可見趙仲全是幾乎無所交遊，若非趙健，則《遺稿》即令付梓，亦難得許孚遠、郭子章等名家為之作序，而趙仲全的聲名恐怕是難出鄉里的。

由序跋還可印證趙健的講學情況。曹谷跋文稱「余令涇以來，每見訥言行吾古貌古心，衣冠言動，若有所本，因造而請學」[20]。這和方志記載趙健退居時「日集諸儒講學，水西一時翕然宗之」[21]可堪印證。涇縣水西是明代王學重鎮，嘉靖中即有王畿、錢德洪講學於水西精舍，後擴建為水西書院，雖一度遭張居正禁毀，萬曆中後期在查鐸等人的努力下又復起，講會興盛。而趙健身為趙仲全之子，所講以程朱為宗，原本與水西學風不合，但縣令曹谷親來就學，而水西學者一時翕然宗之，可以說趙健很大程度上改變了水西地區尊王的學風。趙健不僅在講學上繼承父說，在行事上也發揚了理學家的庭教。天啟初年趙南星、高攀龍等人罷歸後，當時都下流傳著一個說法：「時有語曰：趙、高既放，楊、左同褫；猶存八勁，號曰趙錢孫李、周吳鄭王，指趙健、錢春、孫居相、李邦華、周起元、吳仁度、鄭三俊、王之寀也。」[22]可見趙健也是東林黨的一員[23]。後來趙健亦遭魏璫參劾而罷歸，切實踐履了理學所講的君子之道。趙健出為方伯，入於寺卿，允文允武，實在是趙仲全的跨灶之子。

---

19 〔明〕趙仲全：《趙梅峰先生遺稿》，國家圖書館藏明刻本，張應泰序，葉3b。

20 〔明〕趙仲全：《趙梅峰先生遺稿》，國家圖書館藏明刻本，曹谷跋，葉1b。

21 〔清〕莊泰弘等：〔康熙〕《寧國府志》，見《中國方志叢書·華中地方》（臺北：成文出版社，1985年），第692號，頁1469。

22 〔明〕吳應箕纂：《啟禎兩朝剝復錄》，見劉世珩輯《貴池先哲遺書》本，卷1，葉10a。

23 但《東林點將錄》名單中並無趙健的名字。

## 二　《遺稿》第三卷語錄的價值

　　國圖本《趙梅峰先生遺稿》前三卷為《趙梅峰先生語錄》，每卷下皆題「宛涇梅峰趙仲全筆記，不孝男趙健匯輯」，卷一為「門侄士登校」[24]，卷二為「孫婿鄭兆祥校」[25]，卷三為「孫選遵錄」[26]，可見子孫皆敬預其事。卷一有語錄一百一十條，卷二百八十六條，卷三百五十條，總計二百四十六條。而《涇川叢書》本《語錄》只有二卷，其中卷上有語錄一百一十條，與《遺稿》本卷一同；卷下八十二條，較《遺稿本》卷二缺四條，總計一百九十二條，較《遺稿》本缺五十四條，可見《遺稿》本《梅峰語錄》有許多《涇川叢書》本《語錄》中沒有的內容[27]，具有重要價值。

　　《遺稿》本《梅峰語錄》卷一所論多屬於宋明理學家天道論和性理論的範疇，卷二則涉及不少歷史人物的品評，卷三在這兩方面都略有補充。如在天道觀方面，論及天地的本原時，卷三說：

> 天地者大造也，天地之先天地曰故造，天地之後天地曰來造。太極者，大造、故造、來造之胎胞也，其實一物而已。[28]

可見趙仲全認為太極是高於天地的最根本的本原，這裏凸顯了太極的質料因屬性，而卷一所說「能生成天地萬物而無窮者，太極之神化也」[29]，則側重太極的動力因屬性，兩者結合，對他所論述的太極則

---

24　〔明〕趙仲全：《趙梅峰先生遺稿》，國家圖書館藏明刻本，卷1，葉1a。

25　〔明〕趙仲全：《趙梅峰先生遺稿》，國家圖書館藏明刻本，卷2，葉1a。

26　〔明〕趙仲全：《趙梅峰先生遺稿》，國家圖書館藏明刻本，卷3，葉1a。

27　各方志及書目均稱《語錄》二卷，尚未見有三卷本的記載。

28　〔明〕趙仲全：《趙梅峰先生遺稿》，國家圖書館藏明刻本，卷3，葉2b。

29　〔明〕趙仲全：《趙梅峰先生遺稿》，國家圖書館藏明刻本，卷1，葉2a。

有更加完善的理解。又如對人物品評，卷三有一條較長的語錄說：

> 道有全體，學貴大成。中庸曰「大哉聖人之道！洋洋乎！發育
> 萬物，峻極於天。優優大哉！禮儀三百，威儀三千。」則道之
> 全體可知矣。又曰「待其人而後行。故曰苟不至德，至道不凝
> 焉。故君子尊德性而道問學，致廣大而盡精微，極高明而道中
> 庸。溫故而知新，敦厚以崇禮。」則學之大成可知矣。考之古
> 今，羲皇堯舜、禹唐文武、周公孔子、顏魯思孟，周程朱子，
> 雖聖賢不同，皆造大成之域者也。伊尹、武公，則亞成之聖
> 也。帝啟、高宗、傅說、閔子、伯牛，則亞成之賢也。伯夷、
> 柳下惠，則小成之聖也。游、夏諸子；董仲舒、文中子、韓、
> 范、司馬諸公；東萊、南軒、龜山、魯齋諸儒，則小成之賢
> 也。若孔子集群聖之大成，朱子集諸儒之大成，則又生民以來
> 未之有者也。[30]

這是一則對歷代儒家聖賢的總體品評，將之分為「大成之聖」、「大成
之賢」、「亞成之聖」、「亞成之賢」、「小成之聖」、「小成之賢」三類六
等，這種分類方式和《四庫提要》中稱趙氏《道學正宗》中將古今聖
賢分正宗、羽翼兩門[31]的做法有很大的相似性，今《道學正宗》失傳
不可見，僅能從這條語錄和《四庫提要》等一窺趙氏對儒家道統的一
種構建。

　　除了以上兩方面的補充，卷三更多地涉及對心學和佛學的批評，
這是前兩卷所稀見的，是卷三的重要價值所在。

---

30 〔明〕趙仲全：《趙梅峰先生遺稿》，國家圖書館藏明刻本，卷3，葉4a-5a。
31 〔清〕永瑢等：《四庫全書總目》（北京：中華書局，1965年），頁815-816。

　　趙仲全所處的時代王陽明之心學已經盛行，而趙仲全則尊奉程朱，尤其對朱子評價極高，從前引語錄中他稱「朱子集諸儒之大成」，將朱子與孔子並舉，贊為「生民以來未之有者」，即可見一斑。因此，卷三中他對陸王之學和其所從來的禪學多有批評：

> 孔門之學……至於功夫節目，則戒懼慎獨、格致誠正、學問思辨、博文約禮，《論語》《大學》已詳言之。舍此而別求簡易直截者，非聖學也。[32]

趙仲全認為這種「別求簡易直截」的方法，輕視學問思辨的功夫，以心悟為主，這是背離孔門宗旨的。而這種的「簡易直截」之法，乃是受到佛教禪學的影響。他指出：

> 佛學……又曰人心至善，只此便是，更不用辛苦修行，只是靜坐默照，遂心靜見性，而禪學之源自此開矣……此後世陽儒陰佛、改頭換面之教所自來也。[33]

對於「陽儒陰佛」的象山諸人，趙仲全多次加以批評：

> 又有陽儒陰佛、禪實儒名，改頭換面、勾引入禪者，聖道益晦，異端益熾。[34]
> 奈何有開簡易之門，以新講說，借禪佛之機，以聳聽聞，甚至名崇聖教而口談佛老，論藉通融而行甘泥淖，其得罪於聖門也

---

32　〔明〕趙仲全：《趙梅峰先生遺稿》，國家圖書館藏明刻本，卷3，葉3b。
33　〔明〕趙仲全：《趙梅峰先生遺稿》，國家圖書館藏明刻本，卷3，葉15a-16a。
34　〔明〕趙仲全：《趙梅峰先生遺稿》，國家圖書館藏明刻本，卷3，葉14a。

大矣！[35]

值得注意的是，趙仲全認為外道所以能在明代再次盛行，和明朝的科舉之弊有重要關係：「太祖遵信程朱，道學始明，而科舉章句，漸次成弊。厥後矯其弊者，復講陽儒陰佛之學，如《鳴冤錄》、《道一編》、《晚年定論》，顛倒年月，改頭換面，近世以道學名者，翕然宗之。聖道之晦益甚矣！」[36]《鳴冤錄》作者席書是王陽明論學之友，《道一編》為程敏政編朱陸二家往還之簡，以見其始異而終同，是陽明《朱子晚年定論》之先聲。趙仲全認為當代這些陽儒陰佛的學者群體的出現，是對明代科舉積弊的矯枉過正，這一觀點強調了朝廷功令在理學與心學此消彼長過程中的作用，是向時論者涉及較少的，顯示出趙仲全辯證看待理學發展變化的眼光與視野。

## 三 《遺稿》第四卷詩銘的價值

國圖本《遺稿》第四卷題作《趙梅峰先生詩集□稿》，下題「不肖男健匯輯，孫婿鄭兆祥校」[37]。其所收錄按體裁分五言、七言、歌銘三類，其中五言詩十七首，七言詩廿一首，歌銘八篇，具體篇題見表二。

趙仲全的詩歌最大的特點就是多講理學。有些是借景講理，有些更直接論理。借景講理如〈夏夜池亭獨坐〉云：「四山人寂露華涼，獨坐亭居水一方。煩慮都從忙裏出，生機偏於靜中藏。掬水清波搖月影，迎風單袖納荷香。莫言性癖耽幽逸，處處鳶魚活潑鄉。」[38]這本

---

35 〔明〕趙仲全：《趙梅峰先生遺稿》，國家圖書館藏明刻本，卷3，葉5a。

36 〔明〕趙仲全：《趙梅峰先生遺稿》，國家圖書館藏明刻本，卷3，葉14a-14b。

37 〔明〕趙仲全：《趙梅峰先生遺稿》，國家圖書館藏明刻本，卷4，葉1a。

38 〔明〕趙仲全：《趙梅峰先生遺稿》，國家圖書館藏明刻本，卷4，葉5b。

### 表二　國圖本《遺稿》卷四篇題

| 五言詩十七首 | 〈響山〉、〈窮居〉、〈答友人問長生〉、〈筆鋒晚照〉、〈榔橋曉行〉、〈自勉〉、〈對友〉、〈友琴軒〉、〈黃□積雪有思〉、〈遇友〉、〈祿養思親〉、〈自言〉、〈詠扇畫抱琴訪友〉、〈見大〉、〈性善〉、〈通膈〉、〈應舉〉 |
|---|---|
| 七言詩廿一首 | 〈題中流砥柱圖〉、〈讀大學〉、〈夏夜池亭獨坐〉、〈雞鳴有感〉、〈道學〉、〈送春〉、〈有感〉、〈飯友〉、〈太極〉、〈踐形〉、〈時中〉、〈有感〉、〈次陽明先生韻二首〉、〈游水西二首〉、〈對友〉、〈莊居偶成〉、〈秋月有感〉、〈范蠡〉、〈昭君〉 |
| 歌銘八篇 | 〈三才歌〉、〈貧士歌〉、〈見大銘〉、〈為己銘〉、〈敦愛銘〉、〈制宜銘〉、〈立敬銘〉、〈致知銘〉 |

是夏夜觀荷賞月的愜意之景，而末句卻要扣上鳶飛魚躍的程朱之教。類似的還有〈雞鳴有感〉，詩云「一覺雞鳴夢便醒，此心如水自虛明。莫教淤土微茫紊，須使淵源徹底清。晝靜盡看魚躍藻，夜深還見月沉英。但令此景時時在，方寸才能不失真。」[39]也要扣上時時提防、主靜存心的體認之法。至於直接論理的，從詩題即可看出，如〈性善〉云「犀角能分水，珊瑚不染塵。性中添一物，斷不是天真。」[40]〈太極〉云「千聖妙言言不盡，百王神化化難窮。只消一個圓圈子，掇起乾坤在掌中。」[41]以及〈見大〉、〈讀大學〉、〈踐形〉、〈時中〉等等，皆是不夠生動的理學詩。講理詩中還有兩首論歷史人物的，分別是〈范蠡〉與〈昭君〉，前者認為范蠡載西子、致貨殖，其心其行均比不上諸葛亮與陶淵明，後者是烈女不侍二夫的論調，皆不足稱論。

---

39　〔明〕趙仲全：《趙梅峰先生遺稿》，國家圖書館藏明刻本，卷4，葉5b。

40　〔明〕趙仲全：《趙梅峰先生遺稿》，國家圖書館藏明刻本，卷4，葉4a。

41　〔明〕趙仲全：《趙梅峰先生遺稿》，國家圖書館藏明刻本，卷4，葉6b。

　　除去講理之外，趙仲全也有一些寫景抒情之作，但為數不多，允稱佳作的更少。至於八篇歌銘，從題目就能看出也全是講理學之作。如〈三才歌〉說「人秉天地生，個個小天地……立天陰與陽，立地柔與剛，立人仁與義，其道恰相當」[42]，這是來自《易傳》後被程朱發揮的理學基本觀點。〈為己銘〉說「吾心之善即吾心之性」[43]，與前引〈性善〉一樣講性善論。〈制宜銘〉說「天生萬物，各正性命……父子主恩，君臣主敬。理一分殊，是宜順應」[44]，「理一分殊」是朱熹繼承程頤並加以闡發的重要命題，最典型的體現就在君臣父子之理上。又如〈主敬銘〉說「君子主敬，尊吾德行。不敢荒寧，畏茲天命」[45]、〈致知銘〉說「心本有知，知通有形。物各有理，理會吾心。格心之物，致心之明」[46]，也都是用歌銘的形式對理學話語的另一種表達而已。趙氏的歌銘雖然無甚創見，也沒有多少藝術成就，但和前引講理的詩一樣倒是反映了他作為一位理學家的虔誠心態。

## 四　結語

　　二卷本《梅峰語錄》因收入《叢書集成初編》而廣為流傳，成為此前討論趙仲全的基本材料，然而二卷本的不全必然導致研究的不完善。國圖藏四卷本《趙梅峰先生遺稿》不僅《語錄》部分較二卷本多出五十四條，還收有二卷本中所無的一卷詩文，對研究趙仲全具有重要價值。《遺稿》本的六篇序跋不僅能訂正補充趙仲全父子的相關資訊，更勾勒出明代中後期理學家群體交流影響之一斑，如王學傳人許

---

42　〔明〕趙仲全：《趙梅峰先生遺稿》，國家圖書館藏明刻本，卷4，葉9a。
43　〔明〕趙仲全：《趙梅峰先生遺稿》，國家圖書館藏明刻本，卷4，葉10b。
44　〔明〕趙仲全：《趙梅峰先生遺稿》，國家圖書館藏明刻本，卷4，葉11b。
45　〔明〕趙仲全：《趙梅峰先生遺稿》，國家圖書館藏明刻本，卷4，葉12a。
46　〔明〕趙仲全：《趙梅峰先生遺稿》，國家圖書館藏明刻本，卷4，葉12b。

孚遠在給趙仲全這個程朱派的序中引了許多趙氏《語錄》原文，將趙比作胡居仁、陳真晟，對趙特重慎獨的理學觀點十分贊同[47]，這和許孚遠思想轉近朱學的時期是同步的。而同樣思想偏重王學的郭子章在作序時則闡發了一大段「悟修不二」、朱陸會同的議論，認為趙仲全和自己一樣是悟修並重的，並認為許孚遠將趙比作胡居仁、陳真晟是不恰當的[48]。趙紹祖在跋文中認為郭子章這樣說並非是真正瞭解趙仲全，而是「欲援公以入於良知之中」[49]，可見這樣的討論就已不局限於趙仲全個人了。不同理學家評論趙仲全思想時表現出的差異及原因也是《遺稿》下一步研究中值得重點關注的內容。

——原載《圖書館研究與工作》二〇一九年第十一期

---

47 〔明〕趙仲全：《趙梅峰先生遺稿》，國家圖書館藏明刻本，許孚遠序。

48 〔明〕趙仲全：《趙梅峰先生遺稿》，國家圖書館藏明刻本，郭子章序。

49 〔明〕趙仲全：《梅峰語錄》，〔清〕趙紹祖輯《涇川叢書》本，趙紹祖跋。

# 陽明學重鎮裏的程朱派
## ──趙仲全父子與水西學風

　　南直隸寧國府涇縣的水西地區是明代陽明學一方重鎮，嘉靖中即有王畿、錢德洪講學於水西精舍，後擴建為水西書院，雖一度遭張居正禁毀，萬曆中後期在查鐸等人的努力下又有復興，講會不斷。然而在這一陽明學重鎮中仍有尊信程朱的學者廁身其間，著有《梅峰語錄》的趙仲全即是代表。趙仲全的思想以程朱為宗，本於居敬窮理，以克己存善為功夫，特重慎獨，對陸王及佛說有所批評。但明代中後期陽明學浪潮席捲之下，程朱學者難免濡染，尤其趙氏身處講會重鎮。作為當地的少數派，他在言辭上頗為謹慎，批評陸、佛時很少直接把矛頭指向陽明，不僅如此，在一些具體言論中更流露出陽明學的痕跡，顯示出地方學風對當地少數派的影響。趙仲全的長子趙健也曾講學鄉梓，但處境與其父大有不同。趙健雖無著述傳世，但曾出為方伯，入於寺卿，故退居講學時頗能改換水西之學風，使當地王、朱並重。透過趙氏父子的不同表現，可對明代中後期地方學風與學者之間複雜互動有一斑之窺。

## 一　趙仲全的生平與著述

　　趙仲全《明史》無傳，《明儒學案》也未述及，僅在若干方志中有一些簡略的資料。〔康熙〕《寧國府志》記載：

趙仲全，字文質。少補諸生，博綜群籍，動遵矩矱。讀宋諸儒
書，歎曰：「道在是矣，安事雕蟲為！」遂引疾罷諸生業，隱
居教授，鄉鄰嚴事之。伯子健成進士，仲子伸舉於鄉。以健
仕，封中奉大夫。布衣蔬食，治家內外肅然。年八十八卒。嘗
著《道學宗師錄》五卷，繇上古而下，若董、賈、濂、洛諸
儒，及老莊申韓諸子，靡不考述其言行，為之折衷。又《語
錄》二卷、詩銘文集五卷、《易學洪範會極》十卷、《古本大
學》、《朱陸辨》、《趙氏家乘》諸書，粹然一出於正。學者稱為
梅峰先生。[1]

此後的方志記載皆略同[2]。按：其中所記趙氏卒年八十八，此不確。
據張應泰所撰〈趙梅峰先生遺稿序〉稱趙仲全「春秋九十高始化」[3]，
張氏與趙仲全的兒子趙健、孫子趙選均相交匪淺，所言可信，故趙仲
全享年應為九十。又張序落款在萬曆二十四年（丙申，一1596），推
尋文意，趙仲全去世當在上年乙未或稍前，據此上溯，則趙仲全出生
當在正德元年（丙寅，1506）或稍前。除著作外，方志中對趙仲全的
記述並沒有什麼實在的事蹟，所稱讀宋儒之書而歎的事，本是明代理
學家傳記中常有的描寫，「動遵矩矱」、「粹然一出於正」的用詞也都
是些習見之語，可見趙仲全是一位老於鄉里的儒生，師承不詳，交遊
不廣，聲名不彰。

　　關於趙仲全的著作，除〔康熙〕《寧國府志》所記七種外，《四庫

1　〔清〕莊泰弘等：〔康熙〕《寧國府志》，卷18，〈人物〉，葉95a-b，見《中國方志叢
　　書・華中地方》（臺北：成文出版社，1985年），第692號，頁1525-1526。

2　如〔嘉慶〕《寧國府志》卷28、〔嘉慶〕《涇縣志》卷18、〔光緒〕《安徽通志》卷二
　　二○等。

3　〔明〕趙仲全：《趙梅峰先生遺稿》，明萬曆刻本，張序，葉3a。

總目》有《道學正宗》十八卷著於存目[4]，《古今圖書集成》趙仲全傳記中多一種《天然聲韻》[5]。參稽眾方志、書目，趙仲全著作共得以上九種。其中有些書名或有差異，如《語錄》全稱《梅峰語錄》，《朱陸辨》多作《朱陸異同辨》，《趙氏家乘》多作《趙氏家規》，皆非大礙，唯有兩處值得注意。首先，所謂《天然聲韻》僅見於《古今圖書集成》，其他方志、書目均無記載，未知其來源，而趙氏並不以聲韻見稱，故頗為可疑。其次，方志所稱《道學宗師錄》與四庫所稱《道學正宗》書名相近，但卷數與內容均有不同。《道學宗師錄》五卷，大要見於上引〔康熙〕《寧國府志》，而《道學正宗》十八卷，《四庫提要》稱：

> 《道學正宗》十八卷。副都御史黃登賢家藏本。明趙仲全撰，其子健校補。前列河洛諸圖，而以古今聖賢分正宗、羽翼兩門，大旨以道德純粹、功業並隆及學術醇正者尊為正宗，首伏羲、神農，以迄明羅欽順、羅洪先諸人；其造詣未至、見道未的，功業雖隆而所學未純者附為羽翼，首顓頊、高辛，以迄明湛若水、呂柟諸人；其平時言論有片語涉禪寂者皆削置弗存。持擇似乎甚嚴，然實則隨意分別，絕無義例。他姑無論，如羅洪先、羅欽順等俱列之顓頊、高辛之上，而伯夷、伊尹、子夏、子貢、子游、子路反不及楊時、胡安國，此果不易之評乎？[6]

---

4　〔清〕永瑢等：《四庫全書總目》（北京：中華書局，1965年），卷96，頁815-816。

5　〔清〕陳夢雷等：《古今圖書集成》（上海：中華書局，1934年），第584冊，《理學彙編》〈經籍典〉卷360，葉37a。

6　〔清〕永瑢等：《四庫全書總目》，頁815-816。

　　〔嘉慶〕《涇縣志》亦稱，「《道學正宗錄》自伏羲至羅念菴，凡四十七人，共十一卷，為正宗；自顓頊至呂涇野，凡二十七人，共六卷，為羽翼；自陳布衣至耿天臺，凡六人，為一卷，為羽翼補遺。共十八卷。補遺一卷乃仲全子健校補，故舊志並云十七卷。」[7]其中更指明了該書的卷數分布與所收「正宗」和「羽翼」人數等具體情況。二書相較，《道學宗師錄》「繇上古而下，若董、賈、濂、洛諸儒，及老莊申韓諸子，靡不考述其言行，為之折衷」，而《道學正宗》中「言論有片語涉禪寂者皆削置弗存」，據此則老、莊、申、韓諸子均屬應「削置弗存」者，是故二書並不相同。

　　趙仲全的這些著作在清代中後期已流傳不廣。嘉慶間族中後人趙紹祖整理鄉賢文獻，刻為《涇川叢書》，其中收入趙仲全《梅峰語錄》二卷。趙紹祖在卷末跋稱，除《語錄》外「公所著尚有《易學洪範會極》十卷、《道學正宗錄》五卷（原注：一云十七卷）、《趙氏家規》著書，今惟《家規》存」，而《語錄》二卷則是他的朋友「蕭子壬辰所家藏」，後來轉贈於他[8]。作為族中後人的趙紹祖尚且只見到趙仲全的兩種著作，可見其時趙仲全的著作已經頗難尋覓。到民國時《家規》亦不可見，只有《涇川叢書》中的《梅峰語錄》因被商務印書館收入《叢書集成初編》故流傳頗廣。但《叢書》本恐不全，因為國家圖書館藏有《趙梅峰先生遺稿》二冊四卷[9]，其中卷一至卷三為《趙梅峰先生語錄》。各卷分別有語錄一百一十、八十六、五十條，而《涇川叢書》中的二卷本《梅峰語錄》卷上有語錄一百一十條，卷

7　〔清〕洪亮吉等：〔嘉慶〕《涇縣志》，卷26，《藝文》，葉7b-8a，見《中國地方志集成‧安徽府縣誌輯》（江蘇：江蘇古籍出版社，1998年），第46冊，頁575-576。

8　〔明〕趙仲全：《梅峰語錄》，清趙紹祖輯《涇川叢書》本，趙紹祖跋。

9　國家圖書館善本書號〇九一六四，明刻本，二冊，半葉九行、行二十字，白口，四周單邊。據《中國古籍總目》及「全國古籍普查登記基本資料庫」，該書只有國家圖書館藏一種。

下有八十二條，較《遺稿》本共缺五十四條。同時《遺稿》本卷首有序文五篇，作者分別是蔡國珍、許孚遠、郭子章、曹谷、張應泰，卷末有萬曆二十四年趙健跋文，諸序跋中有豐富信息。而《叢書》本只有一篇趙紹祖跋文，大約趙紹祖獲贈的蕭氏家藏本原即一個不全之本。《遺稿》在《語錄》之外還有趙仲全詩集一卷，其中五言十七首，七言二十一首，歌銘八篇。這些詩歌很少抒情之作，大多是借景講理或直接講性理的，藝術成就雖不高，但也可作為研究趙仲全思想的材料。

## 二　趙仲全的主要思想

### （一）本於程朱的天道觀與性理論

　　根據《趙梅峰先生遺稿》尤其是其中的《梅峰語錄》可以看出，趙仲全的思想是本於程朱理學的。在天道觀方面，趙仲全認為太極是天地的的本原：

> 天地者大造也，天地之先天地曰故造，天地之後天地曰來造。太極者，大造、故造、來造之胎胞也，其實一物而已。（卷三）

太極通過「神化」方式生成天地、人物：

> 能生成天地萬物而無窮者，太極之神化也；能生成人物而無窮者，天地之神化也；能生成子女而無窮者，人之神化也；能生成牝牡而無窮者，物之神化也。合而言之，皆太極之神化也。（卷一）

這個本原又被趙仲全稱作「一」：

> 夫子曰：吾道一以貫之。「一貫」發於夫子，非始於夫子也。
> 伏羲畫奇偶以象陰陽，則必有所以為陰陽者，伏羲已神會於河
> 圖五十之中義。堯舜曰惟精惟一，伊尹曰德惟一，而一之說始
> 顯。一者，在造化為太極，在人心為至誠，不二之實理。夫子
> 神會此一，故曰易有太極，是生兩儀；又告哀公曰所以行之者
> 一也，曾子曰忠恕而已矣，正悟此一者也。世儒訓注而曰一
> 理、一本、一致、一心，支離甚矣。（卷一）

他認為，「一之說」是伏羲、堯舜以至孔子都領悟到了的至道，它顯
示在天道方面（造化）就是太極，是陰陽、兩儀所從來；而顯示在人
心為至誠（即人通過至誠可以把握這個一）。這個一歸根結柢實際上
就是理學的理：

> 理者，天之所以為天也。出於天謂之命，賦於人謂之心，存諸
> 心謂之性，感於性謂之情，行諸日用謂之道，體諸身謂之事，
> 達諸治謂之法制。造化者天理之闔闢，鬼神者天理之神化，良
> 知者天理之萌動，良能者天理之運用，誠者天理之充塞，敬者
> 天理之恂慄，仁者天理之純，義者天理之宜，禮者天理之節，
> 樂者天理之和，知者天理之辨，信者天理之實。聖之所以聖，
> 不過盡天理而已。故隨處體認天理者，立教之本，入道之要
> 也。（卷一）

這裏以「理」（「天理」）為根本，統轄了「命」、「心」等二十個範
疇，其中「性命心情誠敬仁義禮智信鬼神」等都見於朱熹的學生陳淳

在《北溪性理字義》中提出條目[10]，這些是宋以來即討論都很多的範疇，而良知、良能等則是明代以來逐漸被重視的內容，這是值得注意的。

對於天道問題，趙仲全所言不多，他重視更多的是心性問題，重視人對於天理的認識與符合。理既然是本原，認識這個理，就是為學和做人的最高宗旨。故而「君子學與教，只是天理盡之矣。」（卷一）君子的榜樣是聖人，而「聖之所以聖，不過盡天理而已。」（卷一）達到這個目標的最根本的途徑是「敬」。他反覆強調「聖人之學，以敬為要」（卷一），「古之聖賢何一人能離此敬哉！先正曰：敬也者，聖學成始成終之道也。」（卷一）「敬義不可斯須去身。」（卷一）有時他也重視程子的「誠」，他說「二程學以誠為本」（卷一），而「誠、敬，一也」（卷一）。有時他又將主善與主敬並列：「一主善則惡念即息，一主敬則怠念即息。善以存性，敬以防非，存存不已，惺惺不昧，天理純矣。」（卷一）有時還提到禮：「一執禮自然防閑許多非僻之私。」（卷一）這和論持敬的「一持敬便妨多少放逸邪僻（卷一）如出一轍，但別處他又說「執禮莫如主敬」（卷一），可見仍是以敬為根本。

主敬、主善、執禮、主誠，對於眾多的為學方式，他總結說：「書曰主善，程子曰主敬，孔子曰主忠信，周子曰主靜，皆一理也。故書曰人無常師，主善為師，善無常主，協於克一。克一者，敬也。」（卷一）可見在眾多途徑中趙仲全是以敬為最根本的途徑，認

---

10 這二十六個條目是：命、性、心、情、才、志、意、仁義禮智信、忠信、忠恕、一貫、誠、敬、恭敬、道、理、德、太極、皇極、中和、中庸、禮樂、經權、義利、鬼神、佛老。引文中的「造化」大約即相當於「太極」。見陳淳：《北溪性理字義》，收入〔清〕紀昀等纂：《景印文淵閣四庫全書》（臺北：臺灣商務印書館，1983年），第709冊。

為主敬可以包含主善、主忠信、主靜等途徑。具體來說，主敬有四個要點，即「慎獨、慎言、慎行、慎交，四慎得而敬過半矣。」（卷一）其中他最重視的是「慎獨」：「為善只在慎獨」（卷三）。並且他對慎獨有著極為嚴格的要求：「君子慎獨之功，不但暗室屋漏、閒居隱微，人所不聞不見，能致其慎已也，必至於晦息夢寐之際，無所不慎，斯謂之慎獨。是故夢遺金而心不肯取、夢孤弱而心不肯欺、夢侮毀而心不忿怒、夢富貴而心不喜幸、夢貧賤而心不怨尤、夢患難而心不震懼，斯可謂能慎獨也。及其至則並富貴憂患等境俱不入於夢矣。故曰至人無夢，慎獨之至也。」（卷一）基於此，他認為「陸子靜夢寐即白晝之為，屋漏即康衢之見，誠可謂慎獨之至。」（卷一）對陸子靜的慎獨修養極為讚賞。

主敬的目標是窮理，窮理則在去私欲：「心貴有所主，屬於理則氣自聽命，欲何自而生」（卷一）。去私欲則在克己存善：「心主於善，欲自不萌矣。」（卷一）「學者克己，必先思主善。主善則思無邪，無邪則自能黜欲。」（卷一）「克己無別法，主於善則己自克。」（卷一）「人欲克己，不若心主於善。心一主善，自然理能勝欲。」（卷一）可見克己和存善是主敬的具體方法。

存善是因為心原本即善，而無不善，趙仲全用兩個比喻來形容：「心之有善，如石之有火，觸之即見；心之有不善，如鏡之有塵，拂之即明。蓋善本有，不善本無也。」（卷一）故此，為之的功夫就在發揚這個本有的善：「為善者必悟得善為吾性固有，而後為之斯誠，不則非有所畏，必有所利也。」（卷一）他有這樣一首詩：「犀角能分水，珊瑚不染塵。性中添一物，斷不是天真。」（卷四）詩題為〈性善〉，可見這個不能添一物的性，其本真就是善。心中的本善，也就是天理：「心之所以為心者，以其有此天理也。」（卷三）體認到這個「天理」，則謂之「入道」：「隨處體認天理者，立教之本，入道之要

也。」（卷一）「學者所以不能入道，只為不曾見得天人相與之理。」
（卷一）

這樣，通過居敬、克己、存善、慎獨等方式，最終體認天理。這
就是趙仲全的理學思想的概觀。「程朱言居敬窮理，反躬克己，誠得
其全者矣也。自程朱以下言學者，各據所見，未免有一偏之弊。」
（卷一）可見，正如其子趙健跋文所稱，趙仲全理學思想的特點就是
「為學以居敬為本」。

## （二）重民生的歷史議論

趙仲全在《語錄》卷二與卷三中有不少對治國之道的議論，並對
一些帝王和歷史人物有所評論。對於國家之根本，趙仲全認為：「帝
王定鼎有四道焉：一曰內治以為安國之本；二曰據險以扼天下之吭；
三曰財賦可以足食；四曰戎馬可以足兵。」（卷三）以一個理學家而
重視財賦戎馬，這是比較難得的。尤其是他從土地的角度分析，認為
「民之為盜，起於饑寒所迫、富侈相高而已。饑寒所迫者其盜小，富
侈相高者其盜大，皆本於田之不均耳。」對此他提出的辦法是「均田
豈必行貢助，但限民田多者不許逾制再買，則不數十年田不期均而自
均矣。」（卷二）他看到了當時的政治問題，雖未能看透其真正原
因，辦法亦迂闊，但相比於其他一些理學家，他的這種關注是比較難
得的。同樣，他還對國家的賦稅提出了自己的看法：「國之欲足用，
有不必取諸民間而自裕者，莫如漢之鑄直百錢。後漢先祖始入蜀，患
度支不足，劉巴進曰：是何難，但鑄直百錢，平物價，令吏為官市。
漢王從之，不數月府庫充盈。此皆前人已試者也。」他認為這是歷史
證明行之有效的辦法，因而提出「今之事勢有緩急，不必加賦，亦不
必裕釁爵釁僧道，但令官鑄直百錢……」這樣就可以「民便於用而國
可足」（卷二）。他的具體方法可以討論，但出發點在不取諸民而使國
用足，這是很值得讚揚的。

　　趙仲全對君王之道、大臣之道和小臣之道有不同的論述。對於君
王，他認為：

> 為人君者當知天下所以尊我者，以我能生天下也。苟無以生
> 之，則何取於我之為君？惟知此則君道盡矣。（卷二）

語雖簡明，而理卻值得三思。他還認為「古者天子有巡狩之禮，較法
度之同異，視邦政之治否，省百姓之耕斂，莫非身親經歷焉。」這樣
的好處是「諸侯不敢壞法而禍民，百姓不至窮乏而失所，天下治平易
易也。」而「後世天子深居禁中，群牧之治否，任宰臣以黜陟之，民
間之安危任群牧以予奪之。」這樣的後果就是「欺天子以不見而虛文
塞責者比比矣。何以致治平！」（卷二）這一分析雖不全面，但道理
是比較正確的。對於大臣，他說「大臣之道，正君心、進人才而
已。」要做到這兩點，就要「貞與誠、公與明」（卷二）。而「理細務
者謂之小臣」，「小臣之道，盡乃心、共乃事而已」，「不以事小而或
遺，不以官卑而可損」，這樣「今日小臣」則可能成為「他日大臣」
（卷二）。對於不能盡職的臣子，他說「食君之祿而不忠君之事，何
反犬馬之不如哉！」（卷二）這是對當時朝廷大小官員中那些害群之
馬的斥責。

　　趙仲全評價堯舜等古帝王，稱敬、稱明德、稱執中，稱宋太祖得
國是人心推戴，都較為常見。他對秦始皇修長城的評價則頗可注意。
他反對有些人認為秦始皇「凡事不善，惟長城至今賴之」觀點，認為：

> 天生烝民，寧有華夷之分哉？……一設界限，彼固自棄於教
> 化，此亦以外夷視之，竟不得被教澤，歸良民。……矧女貞阿
> 骨打、蒙古伯顏、耶律輩未必無豪傑乎？蓋以形勝言則長城為

> 華夏藩籬，以德化言尚非天下一家之道也。故曰有長城則中國
> 止於中國，無長城則天下皆中國。(卷二)

這種以德教化四方來歸的看法，與宋儒強調華夷之別的看法有很大不同，反映出當時明朝在與北方遊牧民族的關係上表現出占優的實力與和睦的關係，而沒有宋人的危機與屈辱感。

趙仲全對一些歷史人物的評價也值得注意。例如評價申生「好仁不好學」，說他沒有領會舜掩井而出、孔子大走小受的事親之道，故「其弊愚」(卷二)。評價張巡、許遠「方其食盡兵疲，力不能戰，繼之以死，則人臣忠義竭盡無餘。及其殺妻奴、括婦女，以享軍士，此誠有仁心者所不為……巡、遠之忠，忠而過者也。」(卷二)這兩例一為事親，一為事君，是所謂人倫之至、天理之重者，而趙仲全雖然奉行卻不過分，在忠孝之上仍有個以仁為本，其見解比起某些衛道之士要開明許多。

## (三)對陽明學與佛學的批評

趙仲全所處的時代王陽明之陽明學已經盛行，趙仲全則本於程朱的立場，在《語錄》中對陽明學及陽明學所從來的陸九淵之學與陽明學相近的佛學多有批評。

對於陽明學的核心觀念「致良知」，趙仲全從「致知」、「良知」、「致良知」之區別予以分析：

> 或問致良知、致知有何不同乎？曰：致知者，即所以致良知
> 也。但自德性自然覺悟者謂之良知，孔子所謂生知、孟子所謂
> 不慮而知者是也；自學問思辨而覺悟者謂之致良知，孔子所謂
> 或學而之知、好古敏以求之者是也。賢人、常人之良知，必加

> 學問思辨、格物窮理之功，然後可以致之。至於知致則德性會
> 融，天光發見，無往而非良知之昭著矣。（卷三）

這是說，聖人生而知之，自然能體認天理，故謂之良知。而賢人及普
通人，必須通過學問思辨、格物窮理的功夫，以求體認天理，這一過
程叫做致良知。從最終目的來看，二者是一樣的，但因主體的不同，
則有不同的途徑。這是趙仲全對致良知的理解，本此理解，他認為當
今講致良知者多有誤解：

> 近世論致良知者，以心悟為主，而無學知以擴充之，則所知者
> 亦偏且疏矣，焉能盡致其良知哉？孔子曰吾嘗終日不食，終夜
> 不寢，以思，無益，不如學也。聖訓明徵，學者宜深信焉。
> （卷三）
> 孔門之學……至於功夫節目，則戒懼慎獨、格致誠正、學問思
> 辨、博文約禮，《論語》、《大學》已詳言之。舍此而別求簡易
> 直截者，非聖學也。（卷三）

這種「別求簡易直截」的方法，正是離開了學問思辨功夫的「心悟」
之法，而這是無法真正致良知的。可見，他並不反對致良知，反對的
乃是「近世論致良知者」離開學問功夫而以簡易之法去致良知的路
徑。進而他認為，這種「簡易直截」之法，乃是佛教禪學的影響。他
指出，儒、佛之說本有不同：

> 吾儒言盡心知性，禪學亦言明心見性。吾儒所謂性，以天命之
> 理言，故學必先於窮理以盡性。禪家以直覺為性，故其學只求
> 覺悟……孔、孟言心，皆以禮義言；禪、陸言心，皆以精神知
> 覺言……此儒佛之所以不同也。（卷三）

> 佛學……又曰人心至善,只此便是,更不用辛苦修行,只是靜
> 坐默照,遂心靜見性,而禪學之源自此開矣……此後世陽儒陰
> 佛、改頭換面之教所自來也。(卷三)

他認為,儒禪之說的一個重要區別在於,儒家所重視的是心的倫理意
義,故體認方法是窮理盡性,而禪學重視的是其知覺能力,故體認方
法是靜坐默照,明心見性。不幸後世有些儒家看中了明心見性的簡
截之法,因此改頭換面,走上了陽儒陰佛的路子。「陽儒陰佛」具體
指的是誰?他將陳建《學蔀通辨》中對溺佛之人的分類,一一坐實
其人:

> 陳清瀾曰:「近世溺佛之弊,有以佛氏為高妙捷徑、勝於周孔
> 者,呂汲公、李德遠、蘇子由也;有以佛氏與聖人同者,游定
> 夫、楊中立、謝上蔡、陳了翁也;有謂儒佛本同末異者,吳公
> 濟也;有陽儒而陰佛者,呂居仁、張無垢、陸子靜、楊慈湖
> 也。是數說者,以漸而變……」(卷三)[11]

可見,「陽儒陰佛」的就是陸象山一系。象山一系欲借禪學所說的心
的直覺能力來體認儒家所說的心的倫理意義,這一思路受到趙仲全嚴

---

11 陳建原文為:「近世溺佛之弊,有以佛氏勝於周孔者,有以佛氏與聖人同者,有以
儒佛本同末異者,有陽儒而陰佛者。是數說者,實以漸而變。以佛氏為高妙徑捷、
勝於周孔者,其陷溺病根也;以為與聖人同者,少變其說以誘人也;以為本同末異
者,其說之又變也;至於陽儒陰佛,則其變之極,而為術益精,為說彌巧也。嗚
呼!君子觀於此編,亦可以少窮禪蔀之變態矣。」趙氏全引此條,除文辭略有不同
外,主要是在每類中坐實其人。所稱呂汲公、李德遠諸人之說,陳氏前文也多論
及。見陳建:《學蔀通辨》〈續編〉,卷中,葉18a-b,收入《續修四庫全書》(上海:
上海古籍出版社,1995年),第939冊,頁702。

厲、反覆的批評：

> 延及唐宋，禪教大興，人心漸染久矣。雖有韓文公辟之，又不
> 免為大顛牽誘。雖有李翱辟之，又不過辟其粗跡，用其精微。
> 惟宋周、程、張、朱始灼然見其非，而辟之甚嚴、拒之甚
> 力。……程朱弟子亦不免惑於其說者，至又有陽儒陰佛、禪實
> 儒名，改頭換面、勾引入禪者，聖道益晦，異端益熾。（卷三）
> 楊、墨亂真，則孟子辭而辟之，廓如矣。奈何有開簡易之門，
> 以新講說，借禪佛之機，以聳聽聞，甚至名崇聖教而口談佛
> 老，論藉通融而行甘泥淖，其得罪於聖門也大矣！（卷三）

另外值得注意的是，趙仲全認為外道所以能在明代再次盛行，和明朝
的科舉之弊有重要關係：「太祖遵信程朱，道學始明，而科舉章句，
漸次成弊。厥後矯其弊者，復講陽儒陰佛之學，如《鳴冤錄》、《道一
編》、《晚年定論》，顛倒年月，改頭換面，近世以道學名者，翕然宗
之。聖道之晦益甚矣！」（卷三）《鳴冤錄》作者席書是王陽明論學之
友，《道一編》為程敏政編朱陸二家往還之簡，以見其始異而終同，
是陽明《朱子晚年定論》之先聲。趙仲全認為當代這些陽儒陰佛的學
者群體的出現，是對明代科舉積弊的矯枉過正，這一觀點強調了朝廷
功令在理學與陽明學此消彼長過程中的作用，顯示出趙仲全辯證看待
理學發展變化的眼光與視野。

## 三 趙仲全受水西陽明學影響的表現

趙仲全雖以程朱之說為本，但一些地方也顯示出受到陽明學的影
響。例如對於朱子極重視的格物致知的法門，他幾乎沒有提到。偶有

提及時，都是在批判陸王等時稱言聖學之道在格物致知云云，而正面
論及聖學時，如前文所述，所重皆在主敬、慎獨、克己、存善等。
《語錄》中沒有對格物致知的正面發揮，在《遺稿》的文集部分有一
篇〈致知銘〉，其中說「物各有理，理會吾心。格心之物，致心之明」
（卷四），按朱子言格物，是「即物而窮其理」，是「即凡天下之物，
莫不因其已知之理而益窮之」[12]，而趙仲全不言格天下之物，卻稱「格
心之物」，這顯然是受了陽明學的影響，重致知而輕格物。在心和理的
關係上，趙仲全「心之所以為心者，以其有此天理也，若喪了天理，
即是一塊頑肉耳」（卷三）的說法，也更趨近《傳習錄》所稱「心不
是一塊血肉」的觀點而與程朱「心統性情」的傳統論點有所背離。

　　《語錄》還有許多表述，可以看出趙仲全受到出於白沙、友於陽
明的湛若水的影響。例如前揭「隨處體認天理」六字，正是湛若水的
代表言論。又如論立志時他說「學者必先立志，然後能體道。苟一念
放馳，舊私舊習竊發矣。當時時惺惺，提醒此志，須臾無忘，然後可
以入道。」（卷一）這裏的立志並非一種目標的確立，而是一種「時
時惺惺」的狀態、一種修養的功夫，這和湛若水所說「吾之所謂立志
者，異乎人之所謂立志。人之所謂立志者，謂必有為聖人之心；吾之
所謂立志者，即孔子所謂『志於學』、『志於道』，則志必有實功，教
人入途轍去」[13]是十分接近的。趙仲全有一條論前人弊端及補救之
法，也顯示出甘泉的影響：

　　　　程朱言居敬窮理，反躬克己，誠得其全者矣也。自程朱以下言
　　　　學者，各據所見，未免有一偏之弊。予嘗會通而為之說曰：志

12　朱熹：《大學章句》，《四書章句集注》，中華書局1983年，頁6-7。
13　轉引自侯外廬、邱漢生、張豈之主編：《宋明理學史》（北京：人民出版社，1987
　　年），下卷，頁180。

> 道居敬以立根本，格物窮理以致良知，集義養氣以圖實踐，勿
> 忘勿助以俟化機。（卷一）

居敬、格致是程朱的法門，集義養氣是孟子的教訓，而「勿忘勿助」
則是甘泉之說。湛若水說「予體認天理，必以勿忘勿助、自然為
至」[14]，「自然」便是「化機」，可見趙仲全是接受湛若水這種體認之
法的。

　　趙氏受陽明學影響的原因，一方面是由於當時陽明學規模盛大，
另一方面也是由於元明以來諸多理學家本有和會朱陸的傳統，即使篤
信程朱者也難免受其影響。趙仲全在《語錄》裏曾說：「愚謂窮理以
致良知，則無俗學之汗漫支離；致良知而格物窮理，則無佛老之寂滅
空虛，亦無世儒之□學偏見。」（卷三）這裏以致良知為目標，即
「上達」；以格物致知為功夫，即「下學」，二者如只重「下學」，則
汗漫支離；只重「上達」，則流於二氏或陽儒陰佛，因此不能偏廢。
這顯然是折中之論。另有一條更值得注意，他說：

> 象山、陽明礙了《中庸》尊德性而道問學一句，故以誠意為
> 要，而以格物致知皆誠意之功。自予觀之，大學之道，其曰明
> 明德，其目曰格物、致知、誠意、正心，看來明明德即子思所
> 謂尊德性也，格物、致知、誠意、正心即子思所謂道問學也，
> 致廣大四句，皆道問學事也。道問學乃尊德性之功，格、致、
> 誠、正乃明明德之目，聖賢之言，自並行而不悖，後人執此遺
> 彼，所以不合而起爭辨耳。（卷一）

---

14 轉引自侯外廬、邱漢生、張豈之主編：《宋明理學史》，下卷，頁182。

　　這裏有三層意思。首先，主觀上趙仲全在批評象山、陽明，認為以誠意為要是不妥的，這是朱學立場。其次，中間一段以尊德性為綱，而以道問學為目、為功夫，是「上達」為根本，以「下學」補「上達」，這種觀點則未必符合朱子重道問學的意思，而有偏於陸學的嫌疑。而最後一句又說道問學與尊德性並行而不悖，顯然是調和折中的意味。從這一條即可見趙仲全主觀欲對陸王有所批評，但一邊受到元明以來和會朱陸傳統的影響，一邊又身處陽明學大潮之中，不免有所漸染。他或許未能自覺，但畢竟未能自外。

　　趙仲全受陽明學影響還表現在其《道學正宗》裏。據前引《四庫提要》所言，趙仲全將屬於江右王門的羅洪先（念庵）列入「正宗」，而將源出薛瑄的呂柟（涇野）目為「羽翼」[15]，應當說稱不上是嚴守朱學，這正反映了朱、陸之後理學界的真實狀態，即很多時候二家之間並無明確界限，許多學者出入彼此，成嶺成峰，惟有輕重之不同，以致趙氏品評去取之間難免進退失據。

　　趙仲全受水西陽明學影響不僅表現在以上這些具體觀點上，還體現在一種實際的層面中，即批評陽明學時表現出的謹慎態度。從以上所引可見，趙仲全批評最多最直接的是禪說，其次是象山，而對陽明學的批評多潛藏在批評禪、陸的名頭下，很少直接點出陽明學中人的名字加以批評，偶有提到陽明時更多表現出調和的態度，這無疑和當地學風有密切關係。水西為陽明學重鎮，趙氏廁身其間，即不能同志為學友，亦不必相攻如寇讎，因此言辭間頗為謹慎。趙紹祖在跋文中稱「公不甚主良知之學，特以所相與遊者皆此中之高儒碩行，雖小有抵牾，而不存彼我之見耳」[16]，前半句道出了趙仲全的真實處境，因而所謂「不存彼我之見」，恐怕更多是出於實際形勢的不得不然。

---

15　〔清〕永瑢等：《四庫全書總目》，頁815-816。

16　〔明〕趙仲全：《梅峰語錄》，〔清〕趙紹祖輯《涇川叢書》本，趙紹祖跋。

## 四　趙健與水西學風的改換

　　如前所述，趙仲全作為廁身陽明學重鎮的少數派，可謂孤臣，其詩文中即常常體現出知音難尋的感慨，如〈對友〉詩說「鍾期久不作，抱膝山河間」，〈詠扇畫抱琴訪友〉也說「抱琴訪知音，知音苦不得」（卷四）。《語錄》中還有這樣一條：

> 或問今之論道者皆作會，子居家論道，何不入會，以廣其智識？予曰不然，道無不在，何擇於家，何擇於會……予上祖孔孟，下宗程朱，足矣！不必入會而後為講道也。（卷二）

這一半是出於學理上的意見，另一半恐怕是面對當時水西講會興盛而自己難以融入其中的現實處境的一種自解，可見趙仲全在當地是頗為局促的。但機緣巧合，消長難料，趙仲全之子趙健後來竟成為水西講學領袖，在很大程度上改換了水西的學風。

　　與一生老於鄉里的父親不同，趙健的一生是頗為風光的。據〔康熙〕《寧國府志》記載：

> 趙健，號行吾，父仲全，以理學名。健少承家學，端嚴廉潔，務軌於道。隆慶丁卯與弟伸同鄉舉，丁丑成進士。授刑部主事，出守湖廣辰州府，始教民紡績，政清刑措，頌聲大作，保留近十載。歷陝西按察，轉貴州左布政。時苗播相繼竊發，撫御有方，群醜賓服，為建祠尸祝焉。尋擢光祿卿，以捷功加陞通政使。萬曆辛丑，上命健代郊祀。不附政府，屢疏乞歸。家居澹泊，日集諸儒講學，水西一時翕然宗之。天啟元年起南太僕寺

　　正卿，蔭一子。年八十有八。刻《梅峰理學正宗》行世。[17]

　　其後方志記載大略相同，其中此處謂趙健號行吾而缺字，但據其他記載包括方志及序跋中的稱呼來看，行吾為其字。又按照敘述，趙健升通政使在萬曆辛丑（二十九年）之前，而據《明實錄》趙健升通政使在萬曆四十年[18]，且郊祀屬光祿職掌，二十九年時尚任外官，不能與禮事。故「辛丑」必有誤，疑或是萬曆四十一年「癸丑」之訛。又《明實錄》及後來方志中均未述及趙健代上郊祀之事，則或本無此事，張冠李戴，也未可知。

　　趙健萬曆三十三年任貴州左布政使時參與平播州苗亂，巡撫正是數年前力挽危局削平楊應龍的郭子章。萬曆三十八年趙健從貴州左布政使入為光祿寺卿[19]，四十年又以從前的軍功升為通政使，「仍管光祿寺事」[20]，天啟三年五月起為南京太僕寺卿[21]。天啟四年趙南星、高攀龍等人罷歸後，當時都下流傳著一種說法：「時有語曰：趙、高既放，楊、左同褫；猶存八勁，號曰趙錢孫李、周吳鄭王。指趙健、錢春、孫居相、李邦華、周起元、吳仁度、鄭三俊、王之寀也。」[22]可見趙健也是東林黨的一員（但趙健未出現在《東林點將錄》名單中）。隨後天啟五年六月身為魏黨的御史卓邁參劾趙健、太僕寺少卿孟習孔和陝西巡撫翟鳳翀，旨意稱「孟習孔貪橫黨邪，趙健昏闇媚

---

17　〔康熙〕《寧國府志》，頁1468-1468。

18　〔明〕顧秉謙等修：《明神宗實錄》（臺北：中央研究院歷史語言研究所，1962年），卷495，頁9315。

19　〔明〕顧秉謙等修：《明神宗實錄》，卷469，頁8855。

20　〔明〕顧秉謙等修：《明神宗實錄》，卷495，頁9315。

21　〔明〕溫體仁等撰：《明熹宗實錄》（臺北：中央研究院歷史語言研究所，1962年），卷34，頁1749。此處《明實錄》與方志所述時間不同，當從《實錄》。

22　〔明〕吳應箕纂：《啟禎兩朝剝復錄》，見劉世珩輯《貴池先哲遺書》本，卷1，葉10a。

奸,有玷京卿,都著冠帶閑住。」[23]趙健就此亦罷歸[24]。

趙健對推揚其父的聲名有重要貢獻。《〔康熙〕寧國府志》說趙仲全「以健仕,封中奉大夫」[25],張應泰序文也說「先生以嗣君方岳公貴,再晉封秩比二千石」。趙健不僅為父親請得名號,還輯錄刻印他的著作,如《趙梅峰先生遺稿》和《道學正宗》等。他還為《道學正宗》作了一卷《補遺》,惜不傳。除了校刻著作,趙健還倩友人為其父《梅峰語錄》作序,如許孚遠序說趙健「特遺書屬之以序」,張應泰序中稱趙健「械一帙西昌曰試為序之」。《趙梅峰先生遺稿》卷首的五篇序文皆出自趙健友朋之手:蔡國珍是在分守辰沅時結識了時任辰州知府的趙健,涇縣令曹谷曾請學於趙健,許孚遠是趙健之子趙選的老師,張應泰亦是因趙選而結識其父趙健,而郭子章更是趙健的頂頭上司。這五人與趙仲全俱非舊識,有的年輩甚至未及謀面,俱是因趙健而聞梅峰之名,進而睹梅峰之書,如果不是有這樣一位跨灶之子,一生老於鄉里、無所交遊的趙仲全,其聲名恐怕比現在還要微弱。

趙健本人也是一個理學家,鄉居時「日集諸儒講學,水西一時翕然宗之」。郭子章在序中大力闡發「修悟不二」、朱陸會同之說,被趙紹祖稱作「欲援公以入於良知之中」[26],許孚遠當時亦處於轉向朱學的過程中,故對趙氏特重慎獨的說法讚賞有加,均說明趙健雖與郭子章、許孚遠等陽明學中人交遊密切,但他本人的思想是繼承其父尊崇程朱的。他曾為其父《道學正宗》補作《補遺》,又輯錄《語錄》,於理學當有心得。而當時水西地區的陽明學者自查鐸等人去世後老成凋

---

23 〔明〕溫體仁等撰:《明熹宗實錄》,卷60,頁2782。

24 趙健罷歸事〔康熙〕《寧國府志》失載,《明實錄》及〔嘉慶〕《寧國府志》、〔光緒〕《安徽通志》等皆有記錄。

25 〔康熙〕《寧國府志》,頁1525。

26 〔明〕趙仲全:《梅峰語錄》,〔清〕趙紹祖輯《涇川叢書》本,趙紹祖跋。

零[27]，勢力已大不如前，再加上趙健退居大員的身分，說「水西一時
翕然宗之」，未必是方志中的誇誕之言，如涇縣令曹谷就曾自言請學
於趙健。種種機緣下，趙健無疑已成為當時水西地區學者之領袖，並
且，「天啟初邑人趙健追祀宋儒朱子」[28]，將當地書院裏的王文成公祠
改為了朱、王二先生祠，可見水西學風已由尊王而改為王朱並重了。
這和趙仲全當年「居家論道」而不入講會的處境早已不可同日而語，
當然也就不必拘守其父「不必入會」的庭教了，這種局面恐怕是趙仲
全難以想見的。父子兩代同處一地，而或孤處其間，未免局促；或身
為領袖，翕然所宗，境遇之別亦大有逕庭矣。藉此一斑亦可略見學者
身處地方學風中，既有受其影響的例子，亦有以一身所繫能於一時風
氣有所改換的例子，機緣消長，未可一概而論。

──原載《朱子學研究》二○二○年第二輯

---

27 呂妙芬：《陽明學士人社群：歷史、思想與實踐》（北京：新星出版社，2006年），
　　頁175。
28 〔嘉慶〕《涇縣志》，頁190。

# 清代祈穀禮日期的制度化調整與完善

　　祈穀禮是中國古代最重要的祭禮之一，在儒家早期經典中已有記載，歷代經師又有豐富的闡釋，遂成為後代舉行祈穀禮的基本依據。祈穀禮具體日期的確定一方面源於經典傳記的記載和經師的注解，另一方面也有後代統治者和禮官根據各種因素進行的調整。中國古代各朝中以清代對祈穀禮最為重視，雖兩度廢止，但復行後則連續舉行二百餘年而不輟。清代每年祈穀禮的日期，在正月上辛日這一基本原則之下，經歷過多次臨事調整，最終逐漸完善確立為一套通則，即定於同時處在立春後和正月初三後的頭一個辛日行禮。

## 一　經典文獻中對祈穀禮時間的記載及鄭玄的闡釋

　　祈穀禮是中國古代最重要的祭禮之一。在以農為本的古代中國，與農事相關的祭祀典禮具有重要的社會功能，歷來受到統治者的重視。早期儒家經典文獻中已有對祈穀禮記載，秦蕙田在《五禮通考》〈吉禮・祈穀〉中指出：「祈穀之禮見於經傳者，惟〈月令〉、《左氏春秋》。」[1]考《禮記》〈月令〉云：「孟春之月……天子乃以元日祈穀

---

1　〔清〕秦蕙田：《五禮通考》，收於〔清〕紀昀等纂：《景印文淵閣四庫全書》（上海：上海古籍出版社，1987年），第135冊，頁573。

於上帝。」<sup>2</sup>是謂周代就有了天子在春日祈穀於上帝的典禮。《左傳》中的相關記載見於襄公七年，其文云：「夏，四月，三卜郊，不從，乃免牲。孟獻子曰：『吾乃今而後知有卜筮。夫郊祀后稷，以祈農事也。是故啟蟄而郊，郊而後耕。今既耕而卜郊，宜其不從也。』」<sup>3</sup>這裏孟獻子的話並沒有直接指出「祈穀」二字，只說「郊祀后稷，以祈農事也」，如果認為這裏的「祈農事」就是指「祈穀」，那麼孟獻子的話就意味著郊祀后稷和祈穀禮兩者是同一件事。

秦蕙田所稱祈穀禮「見於經傳」的兩條原始文獻已迻錄如上，對於本文關心的祈穀時間的問題，這兩條文獻的記載並不十分精確。〈月令〉的「孟春之月」，鄭玄注為建寅之月<sup>4</sup>；《左傳》〈襄公七年〉的「啟蟄而郊」，亦在夏曆正月（漢以前驚蟄在雨水前，居正月，見《漢書》〈律曆志〉），則兩條文獻所述行禮月份相同。至於具體日期，據《左傳》是在啟蟄之後「卜郊」（所謂「卜郊」，《穀梁傳》〈哀公元年〉云：「郊自正月至於三月，郊之時也。我以十二月下辛卜正月上辛，如不從，則以正月下辛卜二月上辛，如不從，則以二月下辛卜三月上辛，如不從，則不郊矣。」<sup>5</sup>這也正是《左傳》〈襄公七年〉裏「三卜郊，不從，乃免牲」的意思，免牲即不必祭祀了）；據〈月令〉則是所謂「元日祈穀」，「元日」究竟是哪一天，對此後代一般都信從鄭玄注的說法，即「謂以上辛郊祭天也」<sup>6</sup>，也就是說，鄭玄認為正月上辛這一天舉行郊祭，同時祈穀。

2　〔漢〕鄭玄注，〔唐〕孔穎達疏，〔清〕阮元校刻：《禮記正義》（臺北：藝文印書館，影印嘉慶二十年江西南昌府學刻本，2001年），頁287。

3　〔漢〕何休解詁，〔唐〕徐彥疏，〔清〕阮元校勘：《春秋公羊傳注疏》（臺北：藝文印書館，影印嘉慶二十年江西南昌府學刻本，2001年），頁517-518。

4　〔漢〕鄭玄注，〔唐〕孔穎達疏，〔清〕阮元校刻：《禮記正義》，頁279。

5　〔晉〕范甯集解，〔唐〕楊士勛疏，〔清〕阮元校勘：《春秋穀梁傳注疏》（臺北：藝文印書館，影印嘉慶二十年江西南昌府學刻本，2001年），頁199。

6　〔漢〕鄭玄注，〔唐〕孔穎達疏，〔清〕阮元校刻：《禮記正義》，頁287。

　　至此，借助鄭玄注，關於祈穀禮日期的問題已初步解決了，即祈穀於正月上辛日舉行。但如果要再繼續追問一下為什麼鄭玄認為祈穀在上辛這一天（且郊祭也在這一天），則稍有些複雜。首先，根據《左傳》〈襄公七年〉孟獻子的話可知，「郊祀后稷」和祈穀兩者是同一件事。第二，左傳此句注文云「郊祀后稷以配天」，據孔疏當出《孝經》「昔者周公郊祀后稷以配天」，孔疏又舉《公羊傳》〈宣公三年〉云「郊則曷為必祭稷？王者必以其祖配」[7]，是在周代禮法中郊祭時須以其祖配天，則孟獻子所謂的「郊祀后稷」即是以祖配天的郊祭了。綜合這兩條，則「郊祀后稷，以祈農事」就意味著郊祭同時祈穀，正是在這個緣由上，鄭玄在〈月令〉此處乃用郊祭注祈穀，云「謂以上辛郊祭天也」。〈月令〉孔疏在此講得明白，謂：「〈郊特牲〉云郊不言祈穀，此經言祈穀不言郊，鄭以為二祭是一……鄭既以二祭為一，恐人為疑，故引《春秋傳》以明之。按襄七年《左傳》云孟獻子曰：『郊祀后稷，以祈農事也。是故啟蟄而郊，郊而後耕。』彼祈農事者，則此祈穀也。彼云郊而後耕，此是祈穀之後即躬耕帝藉，是祈穀與郊一也。」[8]祈穀與郊既然為一，而郊祭在鄭玄的禮學體系中在正月上辛日，是以鄭玄認為祈穀亦在此日。

　　若要再追問何以鄭玄認為郊祭在上辛，則牽涉到鄭玄對郊祭的特殊看法，又更複雜些。孔穎達在《禮記正義》〈郊特牲〉篇正文第一條正義中指出：「既以『郊祭』名篇，先儒說郊，其義有二。案《聖證論》以天體無二，郊即圓丘，圓丘即郊；鄭氏以為天有六天，丘、郊各異。」[9]「圓丘」即常說的「圜丘」，《周禮》〈春官・大司樂〉謂

---

7　〔晉〕杜預集解，〔唐〕孔穎達正義，〔清〕阮元校勘：《春秋左傳正義》（臺北：藝文印書館，影印嘉慶二十年江西南昌府學刻本，2001年），頁517-518。

8　〔漢〕鄭玄注，〔唐〕孔穎達疏，〔清〕阮元校刻：《禮記正義》，頁287-288。

9　〔漢〕鄭玄注，〔唐〕孔穎達疏，〔清〕阮元校刻：《禮記正義》，頁480。

「冬日至，於地上之圜丘奏之……夏日至，於澤中之方丘奏之」[10]，即後世圜丘、方澤兩禮名目之所來。冬至於圜丘行祭天禮，人皆無疑，而郊祭亦祭天，則圜丘和郊祭兩者是何關係，遂有不同的看法。鄭玄認為丘、郊不同，冬至於圜丘所祭對象是昊天上帝，正月郊祭的對象是太微五帝（即感生帝，與昊天上帝不同，即所謂「天有六天」）。與鄭玄相反，王肅《聖證論》認為兩者為同一事，郊祭即圜丘。此二說在後代各有支持者，聚訟不休，此處不能詳論。總之，鄭玄認為丘、郊各異，郊祭不在建子之月的冬至而在建寅之月的上辛日。而上辛的依據，乃是《禮記》〈郊特牲〉「郊之用辛也，周之始郊，日以至」，對於這句話的前半句，鄭玄注認為「郊之用辛」是魯禮，言郊用辛日，取齋戒自新的意思[11]，最初尚需卜日（見前引《穀梁傳》〈哀公元年〉），後則定於正月上辛日。對後半句「周之始郊日以至」，現在一般的解釋是周代第一次郊祭在冬至前後的辛日[12]（也有解釋為周代第一次郊祭冬至恰逢辛日，似不妥），而在鄭玄複雜的體系裏，則解釋為魯國（而非周天子）在冬至之月舉行郊祭（而非圜丘），因這比周天子在建寅之月的郊祭要早，故云「始」。此句鄭、王解釋及後世闡說亦有許多不同，這裏且不管它。要之，在鄭玄的體系裏，在認定丘、郊各異的基礎上，鄭玄依據經文把郊祭定在正月上辛日而非冬至。

綜上，經典記載中關於祈穀時間本來只記在正月，其用上辛日乃是鄭注之說；而鄭玄之所以定其在上辛日，是因他合郊祭與祈穀為一，遂以他所認定的郊祭日亦為祈穀日。秦蕙田《五禮通考》總結祈

10 〔漢〕鄭玄注，〔唐〕賈公彥疏，〔清〕阮元校勘：《周禮注疏》（臺北：藝文印書館，影印嘉慶二十年江西南昌府學刻本，2001年），頁342。

11 〔漢〕鄭玄注，〔唐〕孔穎達疏，〔清〕阮元校刻：《禮記正義》，頁487。

12 王文錦：《禮記譯解》（北京：中華書局，2001年），頁345。

穀禮云：「圜丘用日至不卜日，而祈穀則用辛……先儒謂卜日用辛皆魯禮，魯無冬至圜丘之祭，故啟蟄而郊，以祈農事，在建寅之月，蓋即天子祈穀之禮，其言是也。自鄭氏合日至、用辛為一，而郊祭之禮及祈穀之禮俱晦。故自漢以後郊必用辛，而二祭不分矣。梁祈穀祭先農，是以人鬼為天帝；唐祈穀祀感帝，是以讖緯惑正經。惟《顯慶禮》與《政和禮》圜丘、祈穀皆祭上帝，始不失古誼。明祈穀禮自世宗始，後間行之。」[13]秦蕙田本身是反對鄭玄郊、丘不同之說的，並在此基礎上認為周天子既有冬至圜丘之禮，又有正月辛日的祈穀禮，他批評鄭玄「合日至用辛為一」，導致漢代以後「郊必用辛」，不合古義。但拋開這些爭論，考察歷史發展我們可以發現，不僅以郊祭兼祈穀的多在辛日舉行（即所謂「漢以後郊必用辛」），後代凡是單獨舉行祈穀禮的，基本上也都採用了鄭玄注中所主張的祈穀禮在孟春之月上辛日舉行的說法，鄭玄經學對後代禮法制度的影響於此可見一斑。

## 二　清代祈穀禮日期的多次調整與逐步完善

前引秦蕙田的總結概括了清以前歷代祈穀禮的施行情況。漢以後一段時間內尚郊祭、祈穀「二祭不分」，南齊永明元年（西元483）王儉曾討論過立春與郊祭的前後關係，認為「不以先郊後春為嫌」[14]，此時仍是以郊祭兼祈穀。至梁天監三年（西元504）起始單獨行祈穀禮，「冬至謂之祀天，啟蟄名為祈穀」[15]，但秦氏謂之所祭非天，不合經義，且時間亦非辛日而是啟蟄。唐初武德時規定「孟春辛日，祈

---

13　〔清〕秦蕙田：《五禮通考》，收於〔清〕紀昀等纂：《景印文淵閣四庫全書》，第135冊，頁539-540。

14　〔南朝梁〕蕭子顯等撰：《南齊書》（北京：中華書局，1972年），頁122。

15　〔唐〕魏徵等撰：《隋書》（北京：中華書局，1973年），頁109。

穀，祀感帝於南郊」，同時「冬至祀昊天上帝於圜丘」[16]，故秦氏稱其「以讖緯惑正經」，直至顯慶時許敬宗等反對鄭玄之說，乃「廢感帝之祀，改為祈穀。昊天上帝，以高祖太武皇帝配。」[17]宋時亦以上辛祈穀，景德三年（1006）陳彭年建議次年因立春在上辛後，當改用次辛，且指王儉「違左氏之明文」[18]。元代則不聞行此禮，明代的情況，秦氏云「自世宗始，後間行之」，後來如何「間行」，《明史》〈禮志〉裏沒有記述。據《明實錄》，具體的情況是，嘉靖十年（1531）始行之[19]（據《明世宗實錄》嘉靖十年以上辛行於大祀殿，十一年以啟蟄改行於圜丘，而《穆宗實錄》隆慶元年正月丙寅謂嘉靖「九年始以孟春上辛日行祈穀禮於大祀殿，十年以啟蟄日改行於圜丘」，似不確），隆慶元年（1567）罷[20]，崇禎十四年（1641）[21]、十五年（1642）[22]與十七年（1644）[23]曾三度舉行祈穀禮，前兩次為皇帝親行，第三次則由成國公朱純臣代行，然此時明朝已是日落西山，正如秦蕙田所云：「莊烈帝奮然行於國勢艱難之日，其亦有不得已於痌瘝者歟！」[24]

至清代，自順治二年（1645）首次舉行祈穀禮以來，除兩度中輟共十餘年外，這一典禮均每年舉行，一直維持到了宣統三年（1911），

16 〔後晉〕劉昫等撰：《舊唐書》（北京：中華書局，1975年），頁820。

17 〔後晉〕劉昫等撰：《舊唐書》（北京：中華書局，1975年），頁825。

18 〔元〕脫脫等撰：《宋史》（北京：中華書局，1977年），頁2456-2457。

19 〔明〕張居正等撰：《明世宗實錄》（臺北：中央研究院歷史語言研究所，1962年），卷121，嘉靖十年正月壬辰條。

20 〔明〕張居正修：《明穆宗實錄》（臺北：中央研究院歷史語言研究所，1962年），卷2，隆慶元年正月丙寅條。

21 不著撰人：《崇禎實錄》（臺北：中央研究院歷史語言研究所，1962年），卷14，崇禎十四年正月甲申條。

22 不著撰人：《崇禎實錄》，卷15，崇禎十五年正月庚辰條。

23 不著撰人：《崇禎實錄》，卷17，崇禎十七年正月辛丑條。

24 〔清〕秦蕙田：《五禮通考》，收於〔清〕紀昀等纂：《景印文淵閣四庫全書》，第135冊，頁573。

且基本都是皇帝親行。《清會典則例》云：「凡祀分三等：圜丘、方澤、祈穀、太廟、社稷為大祀。」[25]可見祈穀禮在清代是國家等級最高的重要大祀之一。《清史稿》〈禮志・吉禮〉說：「大祀十有三：正月上辛祈穀，孟夏常雩，冬至圜丘，皆祭昊天上帝。」[26]由於祈穀禮是每年諸大祀中舉行時間最早的，故乾隆皇帝稱之為「上辛祈穀，尤歲首鉅儀」[27]。《清史稿》〈禮志〉裏概述了祈穀禮在清代的施行情況，最初「順治間，定歲正月上辛祭上帝大饗殿，為民祈穀」，此後則在時間和儀節上有所調整，其中關於時間的調整，提到了雍正八年（1730）、十三年（1735）和乾隆四十七年（1782）的幾次討論，分別涉及元旦、立春和拜賀皇太后等因素。[28]可見，清代祈穀禮亦據成說例用正月上辛，但是在具體舉行中，其日期有時會根據其他因素加以調整。不過，《清史稿》〈禮志〉的記述頗為簡略，而《清實錄》中對每次祈穀均有記載，借助《實錄》及《會典》等更為原始的材料可以對清代祈穀禮的舉行和時間調整有更細緻的考察。

祈穀必書於《實錄》是清代纂修實錄時的基本要求之一，作為凡例其首見於《康熙實錄》，云：「祈穀、耕耤、視學、經筵、日講、大閱，皆書。」[29]此後直到《光緒實錄》凡例中均有類似規定，即使沒有凡例的《宣統政紀》裏也照例記載了各年祈穀情況。根據《實錄》的相關記載，清代祈穀禮不僅曾有兩度廢止，而且關於具體日期的調

25 〔清〕乾隆十二年敕撰：《清會典則例》，收於〔清〕紀昀等纂：《景印文淵閣四庫全書》（上海：上海古籍出版社，1987年），第622冊，頁419。

26 〔清〕趙爾巽等撰：《清史稿》（北京：中華書局，1977年），頁2485。

27 〔清〕慶桂監修：《清高宗實錄》（北京：中華書局，1985年），卷1123，乾隆四十六年正月丁酉條。

28 〔清〕趙爾巽等撰：《清史稿》，頁2510-2511。

29 〔清〕馬齊，張廷玉，蔣廷錫監修：《清聖祖實錄》（北京：中華書局，1985年），卷首〈纂修凡例〉。

整討論也有多次，最終在諸多因素的影響下逐步形成了一個完善的通則。具體來說，清代祈穀禮舉行和日期變化可分為以下幾個階段。

第一階段為初行期，由順治二年（1645）到順治八年（1651）。滿洲在關外時自不聞有祈穀，自入關定鼎以來，則逐步繼承漢族禮樂制度。據康熙朝《大清會典》記載：「順治元年定每年正月上辛日祭上帝於大饗殿，行祈穀禮。八年停止。十四年正月上辛日復行祈穀禮。」[30]既云「八年停止」，則此前應正式舉行過。順治入北京在元年九月，故定制後首度行祈穀禮最早當在順治二年（1645），截止停止前可能舉行過七次（如所謂「八年停止」是在順治八年行禮前則應為六次），但均不見於《實錄》，是頗不解，關於停止亦無詳細記載（順治十三年十月二十八日《實錄》載，「禮部奏言：祈穀之祀，自周行之，其來遠矣。雖明時有行有止，然祈穀所以為民，應照舊典舉行，於正月上辛日恭祀上帝於祈穀壇，請太祖神位配饗。報可。」其中亦不見關於此前停止的情況）。

第二階段為短暫復行期，由順治十四年（1657）到康熙元年（1662）。如前文所述，順治八年（1651）起停止舉行祈穀禮，直到順治十四年（1657）恢復舉行。對於該年祈穀禮的舉行過程《實錄》有詳細記載，這也是《實錄》中所見的對清代祈穀禮的首次記載。該年正月八日辛亥，順治皇帝親詣天壇內祈穀壇大饗殿行祈穀禮（大饗殿即後來的祈年殿，乾隆十六年七月《實錄》載，「禮部奏：祈穀壇扁額舊書大饗殿字，門名亦同。謹按大饗之名禮經皆指季秋報祀而言，與孟春祈穀有異，請別定尊名，以昭盛典。得旨，改大饗殿為祈年殿，門為祈年門。」），並以努爾哈赤配饗。《實錄》用了長達千餘字的篇幅詳細記錄了此次行禮的具體儀節，以後各年則一般只云「祈

---

30 〔清〕伊桑阿等纂修：《大清會典（康熙朝）》（臺北：文海出版社，1992年），頁2879。

穀於上帝，上親詣行禮」（或遣某官某某行禮），不再記具體過程。緊接著順治十五年（1658）正月十四日辛亥、十六年（1659）正月九日辛丑、十七年（1660）正月五日辛酉、十八年（1661）二月二十一日辛丑，均舉行祈穀禮，其中十五年和十七年順治帝親行，十六年和十八年遣官代行（十八年時康熙已即位）。康熙元年（1662）正月十七辛卯亦遣官行祈穀禮，但次年起《實錄》中即不見祈穀之記載，直到康熙八年（1669）七月時皇帝下旨云：「諭禮部：祈穀之禮，大典攸關。康熙元年停止。今應遵舊制，於明年舉行。」[31]可見此次復行時間較短，自康熙二年（1663）起即再度中輟。計從順治十四年（1657）復行祈穀禮以來至康熙元年（1662），共舉行過六次，是為清代祈穀禮的短暫復行階段。

第三階段為臨事調整期，自康熙九年（1670）到雍正七年（1729）。如前所述，康熙二年（1663）至康熙八年（1669）為祈穀禮的再度中輟時期，自康熙九年（1670）起再度復行。按康熙八年（1669）夏少年皇帝剛剛翦除了鰲拜，開始逐步恢復被鰲拜等排斥的漢化政策，復行祈穀禮即其中一項。次年正月十三日辛丑，康熙帝親行祈穀禮，並以當朝前三代帝王配饗。至此，經過七年的二度中輟，祈穀禮於次年正式恢復舉行。這次復行從時間上來說持續很久，從當年一直到宣統三年（1911）清朝滅亡，而從對祈穀日期的確定來說其中又可劃分三個階段。自康熙九年（1670）到雍正七年（1729）為臨事調整期。所謂臨事調整，即指在每年祈穀日期的確定會根據不同因素加以調整。本來「定每年正月上辛日……行祈穀禮」是順治元年（1644）就已經確立的規定，但具體施行時則常有改動，如前文所提到的各年時間中，順治十五年（1658）、十八年（1661）、康熙元年

---

31 〔清〕馬齊，張廷玉，蔣廷錫監修：《清聖祖實錄》，卷30，康熙八年七月壬子條。

（1662）、康熙九年（1670）均不在上辛日。各年《實錄》中雖沒有交代原因，但當時必有上奏，據後來的總結看，原因包括以下幾種，或是上辛在元旦節日內，或是上辛在立春前，凡遇此類情況則改在次辛或下辛。對此《實錄》中有明確記載的見於康熙五十四年（1715）。該年十二月癸未《實錄》載：「諭大學士等曰：方春祭祈穀壇，原用上辛日。明年正月初十乃上辛日，尚未立春。前亦有用次辛下辛祭者。此處大學士會同太常寺議奏。尋大學士等議覆，應擇明年正月三十日下辛日祭祈穀壇。從之。」[32]由此例可以看出，次年因遇上辛日在立春前的情況，則改用下辛（但該年正月十二立春，不知何以不在次辛二十日）。之所以要在立春後舉行祈穀，是因為〈月令〉在祈穀之句前有「立春之日，天子親帥三公、九卿、諸侯、大夫以迎春於東郊」[33]的記載，作為孟春農禮的祈穀自然應在立春以後舉行方合其義（此義在下文雍正十二年、嘉慶四年諭旨中有明確體現）。

第四階段為完善定制期，由雍正八年（1730）到嘉慶四年（1799）。所謂完善定制，指在此前臨事調整的基礎上，對所涉及的各種因素綜合考慮，逐漸形成一個完善的確立祈穀日期的規則。在上一階段，祈穀日期的變動為臨事調整，雖然有示範作用，但沒有明確作為通則。較早有明確通則意識的表述見於雍正七年（1729）的諭旨，該年十二月丁卯皇帝諭旨云：「定例正月上辛日祈穀於上帝。若上辛在正月初五日以前，則於次辛行祈穀之禮。雍正三年、五年俱以次辛祈穀，率由舊章。但元旦朝賀者，朕躬之禮儀；上辛祈穀者，祀天之大典也。明年正月初二日上辛，禮部題請於十二日次辛行祈穀禮。朕思若以正月而論，則十二日為次辛；若以立春後而論，則十二日為下

---

32 〔清〕馬齊，張廷玉，蔣廷錫監修：《清聖祖實錄》，卷266，康熙五十四年十二月癸未條。按此日已屬西元一七一六年。

33 〔漢〕鄭玄注，〔唐〕孔穎達疏，〔清〕阮元校刻：《禮記正義》，頁286。

辛矣。因元旦朝賀筵宴而展祈穀之期，朕心深有未安。著定於初二日上辛行禮。先期照例敬謹齋戒，停止朝賀筵宴。嗣後若元旦逢上辛之期，則於次辛祈穀；如在初五日以前，或值初七日世祖章皇帝忌辰，著該部兩奏請旨。」[34]這一調整本身是因為次年立春頗早，到正月十二日時已是立春後第三個辛日了，故雍正不因元旦朝賀推遲祈穀之禮，故仍定在上辛初二，以免距立春過遠——統觀清代二百餘年祈穀日期，初五及以後自屬常見，初四僅有三數次，而在正月頭三天舉行祈穀的則僅此一次。除去調整本身外，這一諭旨中最值得注意的是兩點，一是初步總結了改變祈穀日期的各種原因，包括逢「元旦」、「初五日以前」、「初七日世祖章皇帝忌辰」等情況（其中也提到了立春，但和康熙五十四年不同）；二是初步表達了將這些改動作為「嗣後」範例的意思（但也說有時仍需「著該部兩奏請旨」，可見還留有臨事調整的痕跡，範例作用尚不夠典型）。

　　相較而言，雍正十二年（1734）的諭旨表述就更明確了一些。該年十二月庚申《實錄》記載云：「諭禮部：前據太常寺奏請，於雍正十三年正月初十日恭祭祈穀壇。今據順天府府尹奏稱，於雍正十三年正月十二日進春。朕思祈穀乃新春典禮，似不應在立春以前。著該部會同太常寺悉心定議具奏。尋議：謹按禮經〈月令〉所載祈穀典禮原在立春之後，所以順時令、召農祥也。查康熙五十五年正月初十日應祭祈穀壇，其時尚未立春，聖祖仁皇帝命大學士等定議，於正月三十日下辛行禮。臣等會同酌議，應請於雍正十三年正月二十日辛卯致祭祈穀壇。並請嗣後每年祈穀俱在立春後辛日舉行，永著為例。從之。」[35]這裏的改期原因與理由都和康熙五十五年一致，即祈穀義當

---

34　〔清〕鄂爾泰監修：《清世宗實錄》，卷89，雍正七年十二月丁卯條。按此日已屬西元一七三○年。

35　〔清〕慶桂監修：《清高宗實錄》，卷150，雍正十二年十二月庚申條。按此日已屬西元一七三五年。

在立春後，如立春較晚，正月上辛早於立春，則祈穀延期至次辛（康熙五十五年延期至下辛）。這裏最值得注意的是明確出現了「永著為例」的表達，標誌著向祈穀日期的改動逐漸向制度化邁進。

當然，雍正這兩道諭旨本身對改動原因與規則的表達即使綜合起來看也還不夠完善，而乾隆又增添了新的影響日期的因素。乾隆四十六年（1781）正月實錄載：「諭：本月二十三日內閣進呈禮部具題壬寅年各壇廟祭祀齋戒日期一本冊，開正月十四日次辛祀祈穀壇。所擬甚屬不當……從前雍正七年恭奉皇考世宗憲皇帝諭旨……煌煌聖訓，實萬世不刊之論。朕御極以來，遇正月初三日以前上辛，因必須隔年齋戒，是以改用次辛；其有初四日上辛，亦改用次辛行禮者，則因聖母皇太后祝釐初祉，朕於元辰躬率王公大臣拜賀東朝，儀節不容稍闕。至明歲正月初四日上辛，並非向年可比矣，該部何得亦改次辛……所有明歲祈穀行禮，仍用上辛，並著為令。」[36]從中可見，除了因避免隔年齋戒而不在正月頭三日舉行祈穀是從前出現過的原因外，乾隆朝在初四日也不舉行祈穀，是因為要該日要去拜賀皇太后，不過當皇太后於乾隆四十二年去世後，這一因素便不再產生影響，所以乾隆才說「明歲正月初四日上辛，並非向年可比矣」，既然不需再去拜賀皇太后，則初四上辛祈穀不當無故延期。

同年二月，乾隆還就立春和上辛的一種具體情況補充了一個規定，稱：「如立春後之辛尚在上年十二月內，則仍用正月上辛，以符歲首始新之義。」[37]至此，清廷對影響祈穀日期的幾個因素都已作出明文規定，此後本當照例施行，卻仍有違例情況出現。乾隆五十七年（1792）皇帝作《正月次辛日祈穀禮成述事》，首聯云：「甫過辛歲值正（原注：平聲）辛，曰次猶先一日春（原注：舊例正月初三以前逢

---

36 〔清〕慶桂監修：《清高宗實錄》，卷1123，乾隆四十六年正月丁酉條。

37 〔清〕慶桂監修：《清高宗實錄》，卷1124，乾隆四十六年二月甲辰條。

辛則祈穀之齋當在除夕，為隔歲，故必用次辛祈穀。今歲元旦正值辛，是以應用次辛，然猶在立春前一日也。」[38]這一年的上辛在元旦，當改次辛，符合定例中的一種情況，然而次辛仍在立春前，如照立春後之定制，當用下辛，不知何以乃行於次辛，似屬違例。嘉慶初年險些再次出現了違例的情況。嘉慶五年（1800）正月上辛在初八，而正月十一才立春，照此前的「永著為例」，祈穀當改在次辛舉行。然而嘉慶三年（1798）禮部例行隔年奏報時，擬定的嘉慶五年（1800）祈穀禮時間卻仍在初八上辛，當時太上皇乾隆批准了這一日期。嘉慶四年（1799）九月，嘉慶皇帝發現了這一問題，他就此發布諭旨說：「明歲庚申正月初八日上辛應行祈穀大祀，係在立春之前。所有致祭日期，業於昨歲奏明高宗純皇帝，自當屆期舉行，不敢改議。惟朕思《禮經》所載孟春祈穀，原為本年歲事豫兆農祥，若在立春以前舉行，於乘陽之義未為精當。因檢查《大清會典》、《文獻通考》……可見祈穀典禮，我聖祖、世宗、高宗俱以應在立春以後得辛舉行為是，理應敬謹遵行。嗣後每年祈穀，總以立春為度。」[39]剛剛親政不久的皇帝一面引述經書記載，一面考察前朝舊例，指出在立春前行祈穀之不當，但因此事已經乾隆允准，故此時嘉慶尚不打算改變次年的祈穀日期，只是要求以後避免違例。然而兩個月以後的冬至當天，嘉慶皇帝改變了主意，決定還是把次年祈穀禮的日期改為次辛，他說：「敬閱至乾隆己酉年祈穀禮成述事詩，內有『今年九日立新春，祈穀虔應值次辛』之句，因恭查詩注，內載『今歲正月初九日立春，若用初四日上辛祈穀，則尚在臘月內，是以用十四日次辛。』仰見皇考聖意，

---

38 清高宗：《高宗御製詩集‧五集》，卷70，收於〔清〕紀昀等纂：《景印文淵閣四庫全書》（上海：上海古籍出版社，1987年），第1311冊，頁22。

39 〔清〕曹振鏞監修：《清仁宗實錄》（北京：中華書局，1985年），卷52，嘉慶四年九月壬午條。

亦以祈穀典禮應在立春以後得辛舉行為是。明歲庚申祈穀日期，上年
雖經禮部等衙門循例具題……該衙門具題原係錯誤，而朕因是時適值
皇考聖躬不豫，心緒焦切，未經看出，實朕之過。惟念事屬既往，所
有禮部、太常寺及欽天監等衙門應得處分，俱著寬免。其明歲庚申祈
穀典禮，仍改用正月十八日次辛舉行。」[40]這一次嘉慶皇帝不再「不
敢改議」，而是找到了乾隆皇帝自己的詩文和注釋文字作為依據，來
證明乾隆「亦以祈穀典禮應在立春以後得辛舉行為是」，並把本次錯
誤歸咎於禮部等衙門和自己在乾隆病重時的粗心，維護乾隆不任其
咎。此時乾隆去世已有十月，和珅早已「跌倒」，朱珪、王傑等輔佐
嘉慶「咸與維新」，在這時有理（經義）有據（成例）地糾正乾隆在
祭禮上的一個小小失誤，不僅無損於所謂以孝治天下之義，也能為嘉
慶的維新事業在禮樂典制方面增添一筆。

　　除了改動本身，更值得注意的是，嘉慶在四年九月時的諭旨中較
前朝更加全面地總結了有關改動祈穀日期的各因素和確立日期的原
則，他說：「嗣後每年祈穀，總以立春為度。如立春在本年臘月，而
上辛亦在年內，未例隔年舉行祭辛之禮，自應改用次辛。又立春係在
年內，而得辛如在元旦及初二、初三，則歲除之日，既未便於城外宿
壇，即得辛在正月初二、三等日，而除夕亦係齋戒之期，朕應住宿齋
宮，於元旦應祭堂子奉先殿壽皇殿及宮中拜神之處，亦未便分詣行
禮，俱應改用次辛……設得辛日期，適遇正月初七日世祖章皇帝忌
辰，則祗承之義，統於一尊，不必因此而展祈穀之期。」[41]總得來
說，大旨就是要選同時處在立春之後和正月初三以後的頭一個辛日。
在糾正了嘉慶五年（1800）可能出現的違例情況後，這一定例就基本
得到了切實施行。《嘉慶實錄》序裏稱頌嘉慶皇帝「御制南郊、北郊

---

40 〔清〕曹振鏞監修：《清仁宗實錄》，卷55，嘉慶四年十一月庚辰條。
41 〔清〕曹振鏞監修：《清仁宗實錄》，卷52，嘉慶四年九月壬午條。

二記，理貫天人，克誠克享。定祈穀禮以春後得辛、常雩大祀以立夏後舉行。」[42]將完善祈穀禮的時間作為嘉慶的代表功績之一，雖係頌聖之語，但也反映出嘉慶在這方面確有貢獻。當然，這裏的「春後得辛」已不同於康、雍時期的「春後得辛」，實際是概括指代嘉定對祈穀日期的糾謬、總結與鞏固等制度化工作。此後，從嘉慶五年（1800）起直到宣統三年（1911），清代祈穀禮即按照嘉慶這次的定制舉行，再無規則上的重要變化，是為第五個階段，可稱為穩定施行期。

## 三　結語

　　總體來說，明代嘉靖以前尚沒有形成連續每年祈穀的制度，嘉靖中始逐漸行之，而隆慶後唯崇禎朝曾略為舉行，直到有清一代才真正形成每年祈穀的制度。其中自順治二年（1645）到八年（1651）為此制度的初定期，隨後首度中輟，至十四年（1657）復行，康熙二年（1663）時再度中輟。康熙親政後自康熙九年（1670）起再度復行祈穀，由此直起到宣統三年（1911），其間共二百四十二年皆行而不輟。在具體日期上，自康熙末以來，幾代帝王均根據立春、節日等因素調整祈穀時間，最終在嘉慶時完善了確定日期的各項原則，總結定制，至清末奉行不變。

　　《禮記》和《左傳》裏對祈穀的記載是後代統治者舉行祈穀禮的基本依據，不過經傳只記載了祈穀的月份，沒有明確其日期。鄭玄注經，根據自己的理解（或者也有繼承前人舊說）定祈穀在正月上辛，成為後代在上辛行祈穀的基本依據。不過，〈月令〉把祈穀係在立春以後，《左傳》裏孟獻子也批評「既耕而卜郊，宜其不從也」，就是說

---

42　〔清〕曹振鏞監修：《清仁宗實錄》，卷首〈序〉。

春耕以後才去卜郊祈穀，神是不會示給吉兆的，可見祈穀的時間要在不違農時，這是一個更為基本的原則，因此也成為後來行禮時根據立春等因素調整祈穀日期的理論依據。在古代農業社會，生產水準不夠發達，農事收成如何基本屬於「靠天吃飯」（魯迅先生《且介亭雜文二集》就有一篇〈靠天吃飯〉），正是在這種情況下，才出現了在一年春耕開始之前向上天祈求豐收的祈穀禮，以求得一個虛幻的寄託。統治者重視之、親行之，固然很能體現重農勸農之意，然而，假使有些封建統治者虛應故事，不從實際政策上保農利農，結果則或竟如孟子所謂「狗彘食人食而不知檢，塗有餓莩而不知發，人死，則曰非我也，歲也」（《孟子》〈梁惠王上〉），那麼徒斤斤於行禮在立春前或立春後等禮法文字上的討論，又是否真正符合儒家所謂的「不違農時」呢。

——原載《蘇州科技大學學報（社會科學版）》二〇二二年第四期

# 孫德謙《太史公書義法》寫定、刊行時間辨

　　孫德謙（1869-1935），字受之，又作壽芝，號益葊，晚號隘堪居士，室號四益宧，江蘇元和（今蘇州）人。孫氏生當同、光之際，辛亥後心繫前朝，立場保守，但學兼四部，尤長於子學。孫氏治子學宗章學誠「文史校讎」之旨，「以章氏治史之法治諸子」[1]，論者以為開闢了近代諸子研究的「第三條路」[2]。除子學外，孫氏亦博通經史，暮年所作《太史公書義法》「尤為一生精力之所萃」[3]。然孫氏向以子學著名，故《義法》一書在其身後並未受到太多重視，直至近年始有一二研究者為作專文，表而彰之。惟於《義法》一書的寫定時間和刊刻時間，此前一些書目及館藏著錄頗有異說，而專文研究者或未遑顧及轉生訛誤，或者有所辨正但仍有不夠確切之處，故不避淺陋，試為重新考定之。

---

1　吳丕績著，王珏琤整理：〈孫隘堪年譜初稿〉，《湖南科技學院學報》2018年第9期，頁27-51，光緒二十五年條。

2　陳志平：〈第三條路：民國孫德謙的諸子學研究〉，《江漢論壇》2014年第5期，頁74-79。

3　〔清〕張爾田：《孫隘堪所著書序》，國家圖書館藏一九二七年四益宧刊《太史公書義法》（索書號七四一〇九），卷首，葉3a。

## 一　對《義法》刊刻時間的不同說法

　　《太史公書義法》最常見的版本為收在《孫隘堪所著書》中的叢書本。《孫隘堪所著書》為孫氏個人獨撰叢書，共收書四種，分別是《太史公書義法》、《六朝麗指》、《漢書藝文志舉例》、《劉向校讎學纂微》。檢《中國古籍總目》，其中《太史公書義法》著錄有兩處，一在史部，一在叢書部，而史部所著錄該書時指明其版本即「《孫隘堪所著書》本」[4]，故《總目》所著錄實僅叢書本一種。《中古籍總目‧叢書部》將《孫隘堪所著書》的刊刻時間著錄為「民國十二年至十七年」，並列出了所收四種書各自的刊刻時間，依次為「《太史公書義法》二卷　民國十四年刻；《劉向校讎學纂微》一卷　民國十二年刻；《漢書藝文志舉例》一卷　民國七年刻；《六朝麗指》一卷　民國十二年刻」[5]。按四種書各自刊行時間涵蓋的時間段和《總目》對該叢書著錄的刊刻時間階段未能符合，未知何據。又《總目‧叢書部》中所列《孫隘堪所著書》子目各書的刊刻時間與《中國叢書綜錄》相同，但《綜錄》並沒有為整套叢書注明起止時間[6]。

　　《總目》在《太史公書義法》條下沒有注出收藏單位，在《孫隘堪所著書》條下注明收藏單位有國家圖書館、上海圖書館、山東大學圖書館、南京大學圖書館、浙江圖書館、湖北省圖書館數家[7]。此外北京大學圖書館、復旦大學圖書館、北京師範大學圖書館、中國人民大學圖書館、華東師範大學圖書館等也藏有該叢書，經檢索各單位網

---

4　中國古籍總目編纂委員會：《中國古籍總目‧史部》（上海：上海古籍出版社，2009年），頁461。

5　中國古籍總目編纂委員會：《中國古籍總目‧叢書部》（北京：中華書局，2009年），頁1314。

6　上海圖書館編：《中國叢書綜錄》，上海：上海古籍出版社，1982年，第1冊，頁585。

7　中國古籍總目編纂委員會：《中國古籍總目‧叢書部》，頁1314。

站所得具體情況如表一所示（南大圖書館、湖北省圖書館網站暫未檢索到信息，表中略去了作者、卷數等同質信息）。

### 表一　主要收藏單位對《太史公義法》的著錄情況舉例

| 序號 | 題名 | 叢書項 | 冊數 | 著錄的刊刻時間 | 收藏單位 | 索書號 |
|---|---|---|---|---|---|---|
| 1. | 太史公書義法 | 孫隘堪所著書 | 2冊 | 民國14年（1925） | 國圖 | 10428 |
| 2. | 太史公書義法 | 孫隘堪所著書 | 2冊 | 民國14年（1925） | 國圖 | 160954 |
| 3. | 太史公書義法 | 孫隘堪所著書 | 2冊 | 民國間（1912-1949） | 國圖 | 74109 |
| 4. | 太史公書義法 | 孫隘堪所著書 | 2冊 | 民國14年（1925） | 上圖 | 線普長275877-81 |
| 5. | 太史公書義法 | 孫隘堪所著書 | 2冊 | 民國14年（1925） | 上圖 | 線普437117-18；線普長303836-37；線普614216-17；線普614514 |
| 6. | 太史公書義法 | 孫隘堪所著書 | 2冊 | 民國15年（1926） | 北大 | X/910.9117/1220 |
| 7. | 太史公書義法 | （未注明） | 2冊 | 民國14年（1925） | 復旦 | 590025 |
| 8. | 太史公書義法 | 孫隘堪所著書 | 2冊 | 民國15年（1926） | 人大 | PG212./35 |
| 9. | 太史公書義法 | （未注明） | 1冊 | 民國14年（1925） | 華師大 | Q10.81-4/8.375 |
| 10. | 太史公書義法 | 孫隘堪所著書 | 2冊，叢書 | 民國16年（1927） | 浙圖 | 普082.8 |

| 序號 | 題名 | 叢書項 | 冊數 | 著錄的刊刻時間 | 收藏單位 | 索書號 |
|---|---|---|---|---|---|---|
| | | | 共5冊 | | | |
| 11. | 太史公書義法 | 孫隘堪所著書 | 叢書共5冊 | 民國16年（1927） | 華師大 | E29-10/8.375 |
| 12. | —— | 孫隘堪所著書 | 一函5冊 | 民國15年（1926） | 北大 | Y/9119/1920 |
| 13. | —— | 孫隘堪所著書 | 一函5冊 | 民國年間（1912-1949） | 北師大 | 089.8/368 |
| 14. | —— | 孫隘堪所著書 | 一函5冊 | 民國16年（1927） | 山大 | 089.81/366 |

　　據前引《中國古籍總目》可知，《孫隘堪所著書》所收各書的刊刻時間是不同的，表中有些收藏單位為《義法》著錄了單獨的刊刻時間（第一至九條），而有些則只著錄了《孫隘堪所著書》的整體時間（第十至十四條），這其中有些列有叢書的子目，有些則連子目也沒有。在明確著錄《義法》刊刻時間的九條中，除第三條所著錄是一個寬泛的時間段之外，其餘八條中，六條著錄為民國十四年，兩條著錄為民國十五年。前者不僅在數量上占優勢，也與《中國古籍總目》和《中國叢書綜錄》的說法一致，故研究者論及孫氏《義法》之刊刻時間時多同此說，如張晏瑞的碩士學位論文《孫德謙及其校讎目錄學研究》附錄一詳列孫氏各種著作版本，其中《義法》除後來影印本外所著錄即民國十四年本[8]，吳平、周保明所編《〈史記〉研究文獻輯刊》

---

8　張晏瑞：《孫德謙及其校讎目錄學研究》（臺北：臺北市立教育大學碩士論文，2009年），頁150、153。

影印出版《太史公書義法》時也稱其為民國十四年刻本[9]。

採用民國十五年說的除上述著錄外還有吳丕績所作〈孫隘堪年譜初稿〉的記載。吳丕績（1910-1972），原名丕悌，號偉治，江蘇松江人，為孫德謙的入室弟子。一九三五年孫氏卒後，吳丕績先作〈孫隘堪先生年譜大綱〉，刊於一九三五年十二月十三日的《大夏週報》，此後在〈大綱〉基礎上完成〈孫隘堪年譜初稿〉，較前者更為詳盡。〈年譜初稿〉上半部分於一九四四至一九四五年分三次刊載於《學海》月刊，下半部分未及刊載，僅有抄本存世，近來始經研究者整理後全文刊布[10]。對於《義法》之成書，前後兩種年譜記載詳略稍有不同。〈孫隘堪先生年譜大綱〉在民國十五年（丙寅）記云「是年《太史公書義法》二卷成」[11]，而〈孫隘堪年譜初稿〉則在民國十三年（甲子）記云：「秋，寫定《太史公書義法》。丙寅，序而刊之。」[12]可見後出的〈年譜初稿〉明確將《義法》刊行時間系於民國十五年。

以上為書目、館藏著錄及年譜中出現的兩種異說，此後研究者又有新說。按專文研究《義法》者目前所見僅湯黎與吳天宇兩家。湯黎〈孫德謙《太史公書義法》的史學價值〉是較早討論《義法》的一篇論文，該文將孫氏此書的五十篇歸納為三個方面，頗具綱領。但湯文並未述及《義法》的寫作時間及刊行時間，只在引用《義法》原文時注明來源為「孫德謙《太史公書義法》，一九二三年四益宧刊本」[13]，

---

9　吳平、周保明選編：《〈史記〉研究文獻輯刊》（北京：國家圖書館出版社，2014年），第12冊，頁1。

10　吳丕績著，王珏琤整理：〈孫隘堪年譜初稿〉，頁27-51。

11　吳丕績：〈孫隘堪先生年譜大綱〉，《大夏週報》第12卷第9期（1935年），頁188，民國十五年條。

12　吳丕績著，王珏琤整理：〈孫隘堪年譜初稿〉，民國十三年條。

13　湯黎：〈孫德謙《太史公書義法》的史學價值〉，收於羅家祥主編：《華中國學》（武漢：華中科技大學出版社，2014年），卷2，頁310-316。

與此前兩說皆不同，且不知何據。吳天宇〈孫德謙《太史公書義法》考述〉是新近發表的討論《義法》此書的一篇佳作。吳文將孫氏此書放回民國初年的學術史語境中分析其立場與文化觀念，實為有見。對於《義法》的寫作與刊行時間，吳文特別在注釋中作了辨正，認為刻於民國十四年之說有誤，《義法》「於民國十五年完成，翌年由張爾田作序並刊行」[14]。吳文提出《義法》的刊行時間為民國十六年，亦與此前書目及館藏之著錄不同，但吳文指明了判斷的依據。

綜上，關於《義法》的刊行時間，共出現了民國十二年、十四年、十五年、十六年四說。以下即通過考察《義法》文本及刊刻經過對諸說加以考辨。

## 二　《義法》刊行時間考辨

首先考察《義法》一書文本本身能揭示的時間線索。《義法》一書開卷第一葉正面是鄭孝胥的題簽，右起是「乙丑夏五」四字，居中是「太史公書義法」的書名，左下為署名與鈐印，背面為「四益宦刊」字。次葉為張爾田所作的〈孫隘堪所著書序〉，末署為「丁卯夏五錢塘張爾田」。此下為孫德謙為《義法》所作的〈自序〉，末署「丙寅十一月長至日元和孫德謙」。此後即五十篇的目錄與上下卷正文[15]。

以上幾個時間點按順序依次為民國十四年（乙丑）鄭孝胥的題簽、民國十五年（丙寅）孫德謙的〈自序〉、民國十六年（丁卯）張爾田的序。這三個年份正對應前述書目館藏的兩種著錄及吳文的說法。可見，《中國古籍總目》、《中國叢書綜錄》及國圖、上圖等著錄

---

14 吳天宇：〈孫德謙《太史公書義法》考述〉，《史林》2020年第3期，頁115-126。

15 孫德謙：《太史公書義法》，國家圖書館藏一九二七年四益宦刊本，索書號七四一○九。

的民國十四年說，其依據為《義法》書前鄭孝胥「乙丑夏五」的題
簽，而北大圖書館、人大圖書館及〈年譜初編〉採用的民國十五年
說，其依據則為《義法》書中孫德謙丙寅年的自序。至於吳文的說
法，據「翌年由張爾田作序並刊行」[16]來看，其依據乃是民國十六年
張爾田的序文。

　　據此，則四說中除民國十二年說不詳其來源外，後三說均各有依
憑。但三說彼此矛盾，必不能同真。因此須對三說之依據綜合考察。
首先，據常理可知，倩名人題簽時，往往有預先請人題好以備用的情
況，因此題簽時間未必就與書籍刻成的時間相同，而可能早於刻成時
間。因此，在其他說法有更堅實依據的情況下，題簽時間的可靠程度
是不能優先的。其次，自序、自跋和他人序跋都是判斷刊刻時間的常
用手段，當諸序跋時間不一致時，一般來講當以諸序跋中最晚一篇的
時間作為刻成時間（前提是沒有修訂再版等情況）。《義法》的張爾田
序作於民國十六年，較孫氏自序更晚，故收在叢書中的《義法》其刻
成時間似乎應當定在民國十六年，吳文正是基於這樣的理解，故稱
《義法》完成後「翌年由張爾田作序並刊行」[17]。

　　但此說若要成立必須先對兩個問題作出回答。首先，張爾田這篇
序文題為〈孫隘堪所著書序〉，可見張序是為孫氏這套叢書整體所
撰，而並非直接針對《義法》所發。也正是由於這個原因，導致表一
中以《孫隘堪所著書》為著錄對象的五條（第十至十四條）中有三條
即將其刊刻時間著錄為張爾田作序的民國十六年。因此，首先要面對
的問題就是，張爾田這篇針對整部叢書而撰的總序其時間與《義法》
刊刻的時間有何聯繫，即是否能夠以張序的時間說明《義法》刊刻的
時間？

---

16 吳天宇：〈孫德謙《太史公書義法》考述〉，頁115-126。
17 吳天宇：〈孫德謙《太史公書義法》考述〉，頁115-126。

　　一般來說，叢書如果是一次同時刻成的（篇幅較大時或致耗時甚
久，但文本均已定稿），則總序（此處均特指叢書完成時記述具體撰
寫刊刻情況的一類總序，而非預先寫就的泛論式總序）其時間可代表
各子目的刊刻時間，但《孫隘堪所著書》並非一次同時刻成。從《中
國叢書綜錄》和《中國古籍總目》所開列的《孫隘堪所著書》子目刊
刻情況來看，這套叢書顯然是寫定一部刊刻一部。張序作為總序，與
《義法》本身沒有對應關係，雖然由於《義法》被裝訂時排在子目的
第一位，導致張序即位於《義法》書前，但並不能因此就將張序與
《義法》聯繫起來。實際上，《義法》雖然裝訂在第一種，卻是最後
寫定的一部。對於這類隨寫隨刻的叢書，在最後一種寫定付梓時，請
人為叢書撰寫總序，然後與最後一種同時刊行，是符合情理的。由於
《義法》恰是該叢書中最後刻成的一部，因此總序的撰寫時間可以等
同於收入叢書的《義法》的刊刻時間，這也是吳文的理解思路。

　　何以要強調是「收入叢書的《義法》」？這便關係到必須回答的
第二個問題，即《義法》一書有沒有先於叢書本的單行本。須知《孫
隘堪所著書》所收四種書中，除《義法》外其餘三種均有四益宦刊單
行本。這可以從兩個方面證明。第一，在各收藏單位檢索其餘三種
書，會發現有些著錄中會提到叢書項，有些則沒有，這並不是遺漏的
叢書資訊，而是由於此三種書在收入叢書前已有單行本。第二，更具
說服力的是，孫德謙直到一九二七年才計畫將自己的著作收為一套叢
書。當年十月（舊曆，下同）孫德謙致信曹元弼時曾言及對這套叢書
的設想：

　　　　弟今合前刻共有四種，總名之曰《孫隘堪所著書》，用《漢藝
　　　　文志》「劉向所序」「揚雄所序」例。以後陸續加入《諸子通
　　　　考》。今足成名、墨數家，內篇告備，明年當付殺青。弟擬撰

《群經義綱》一書，題目已寫定，如能草就，小小叢刻之中，四部全有矣。欲乞公賜總序一篇，冠諸簡首，想必蒙印可。[18]

按此劄末署「十月晦日」，無年份，據整理者考定作於一九二七年[19]，可從。從這段表述中可以清晰地看出，《孫隘堪所著書》這一叢書的設想與命名在一九二七年方始提出，且原有陸續加入新著、以實現涵蓋四部的計畫。其中所謂「今合前刻共有四種」，正表明此前已刻成書數種，但此前既無叢書之計畫，則「前刻」必然為單行本。《叢書綜錄》、《古籍總目》等著錄的《孫隘堪所著書》各子目具體的刊刻時間，其實正是各子目作為「前刻」單行時的時間，結合對《孫隘堪所著書》實物的考察，可推知其著錄依據皆是各書前之題簽，見表二。

### 表二 《中國叢書綜錄》對《孫隘堪所著書》子目刊刻時間的著錄情況

| 書名 | 著錄的刊刻時間 | 依據推測 | 備註 |
|---|---|---|---|
| 《太史公書義法》 | 民國十四年 | 鄭孝胥「乙丑夏五」題簽 | 自序在丙寅年，晚於題簽一年（故題簽時間不可據） |
| 《劉向校讎學纂微》 | 民國十二年 | 朱祖謀「癸亥八月」題簽 | 張爾田序亦在癸亥年 |
| 《漢書藝文志舉例》 | 民國七年 | 吳鬱生「戊午五月」題簽 | 張爾田序、沈曾植序、曹元忠序、王國維跋均在丁巳年，早 |

---

18 許超傑、王園園：〈孫德謙致曹元弼書劄七通考釋〉，《文獻》2017年第2期，頁115-128。

19 許超傑、王園園：〈孫德謙致曹元弼書劄七通考釋〉，頁115-128。

| 書名 | 著錄的刊刻時間 | 依據推測 | 備註 |
|---|---|---|---|
| | | | 於題簽一年（故題簽時間可據） |
| 《六朝麗指》 | 民國十二年 | 吳昌碩「癸亥秋仲」題簽 | 馮煦序與自序亦均在癸亥年 |

　　可見，除《義法》外，其餘三種書均已在民國七年和民國十二年刻成單行，各有序跋及題簽可據。正因如此，《古籍總目》遂按照這三種書的例子，將《義法》的刊刻時間也據題簽及序跋加以著錄（只不過由於題簽早於自序，實際上照此著錄時應據自序著錄為民國十五年而非十四年）——然而其前提則是《義法》也像其餘三種一樣在收入叢書之前有已刻成的單行本。

　　從表一中對各收藏單位的檢索結果來看，只有第七條與第九條在著錄《義法》時沒有注明叢書項，比例較低，難以確定是確有單行本還是著錄時有所遺漏。假如《義法》與前另三種一樣，在題簽和序跋的時間點即有單行本，則這一單行本的刻成時間應定在自序的丙寅年（民國十五年）。不過，孫氏自序作於丙寅年冬至，西曆為一九二六年十二月廿二日，已近年關，而次年即有輯為叢書之舉，五月張爾田撰成序文，故即使丙寅年有單行本刻成，其存在時間也不長，很快就被叢書本所取代。所謂取代，實際上就是在《義法》書前增加了叢書名一葉和張爾田的總序數葉，因為根據其餘三種書的單行本與叢書本的對比情況來看，兩者在版式完全一致。唯一的不同即在於整套叢書起首處的書名葉和總序，而《義法》裝訂在叢書的第一種，故《義法》如有單行本，應表現出沒有叢書書名葉和張爾田序的特徵（而其餘三種收入叢書時則不需任何改變，直接以單行本裝函或用舊板重新刷印後裝函即可），但目前似未見到《義法》有這樣的版本。也就是說，或者並不存在丙寅年單行本，《義法》在丁卯年張爾田作序前後

刻成，直接收入叢書；或者丙寅年曾有單行本，但都在次年補上了叢書名和總序，變為了叢書本。

這兩種推測中哪種更接近事實？孫德謙書信中的一條資料有助於考察這一問題。一九二七年孫德謙致信曹元弼，其中提到「拙著《太史公書義法》近始刻成」[20]。按此信末尾原無時間，但信中提到王國維「本月初投昆明湖死」，王國維自沉在一九二七年五月初三（西曆六月二日），故整理者據此指出此信作於該月[21]，殆無疑議。如此則信中所言「近始刻成」，宜指五月前之三數月，而非去歲之謂。再聯繫到張爾田的總序正作於本年五月，則《義法》「始刻成」即在張爾田作總序前後，這意味著《義法》此前並無單行本，刻成即在叢書中，其時間在民國十六年（一九二七，丁卯）。

綜上，經過考辨，關於《義法》刊行時間的四種說法中，民國十二年說未見任何線索與依據，顯為無稽；民國十四年說是依據了鄭孝胥該年的題簽，但由自序等均在題簽之後可知題簽時間不可信據；民國十五年說是依據了孫氏該年自序，但實際刻成已在次年，故亦不確；只有民國十六年說符合事實。吳文稱《義法》「於民國十五年完成，翌年由張爾田作序並刊行」[22]，雖未述及張爾田總序與《義法》的關係等問題，但認為刊刻時間在民國十六年的結論是正確的。

## 三　《義法》寫定時間考辨

關於《義法》寫定的時間亦有兩說。一為民國十三年說，見吳丕績所撰〈孫隘堪年譜初稿〉該年條。二為民國十五年說，見前揭吳天宇文章。

---

20 許超傑、王園園：〈孫德謙致曹元弼書劄七通考釋〉，頁115-128。
21 許超傑、王園園：〈孫德謙致曹元弼書劄七通考釋〉，頁115-128。
22 吳天宇：〈孫德謙《太史公書義法》考述〉，頁115-126。

　　吳丕績所撰《孫隘堪年譜初稿》於民國十三年（甲子）記云：「秋，寫定《太史公書義法》。丙寅，序而刊之。」[23]〈年譜初稿〉雖未指明來源，但吳丕績作為孫德謙入室弟子，言當有據。吳天宇文稱：「孫德謙〈太史公書義法序〉所題落款時間為『丙寅十一月長至日』，再結合吳丕績〈孫隘堪先生年譜大綱〉所記，可知《太史公書義法》於民國十五年完成，翌年由張爾田作序並刊行。」[24]從中可見，關於刊行時間，吳文判斷的依據是張爾田序，這是正確的，已見前文，而關於完成時間，吳文的依據有二，一是孫德謙丙寅年自序，二是吳丕績所作《年譜大綱》。考《年譜大綱》，關於《義法》僅見民國十五年（丙寅）一條記載，云「是年《太史公書義法》二卷成」[25]，但此「成」字頗有歧義，難以確認其為寫成還是刊成。如前所述，吳丕績後來在〈大綱〉基礎上撰成〈孫隘堪年譜初稿〉，更為詳盡可信，而其中則將《義法》完成時間係於民國十三年，而將民國十五年定為「序而刊之」的時間，由此則知〈年譜大綱〉中民國十五年的「成」字係指刻成，而非寫成。吳文將〈年譜大綱〉的「成」字理解為寫定完成，略嫌武斷。

　　吳文另一個依據為孫氏自序，該自序時間是否等同於寫定時間，值得詳考。按孫氏〈自序〉云：

> 余為《太史公書義法》，並依《史》〈自序〉例，已以〈引旨〉一篇列於後矣。客有見其書而善之者，進而語余曰：「……曷略言讀史之法，以啟牖後人乎？」余應之曰：「可。」今夫……客欣然而去。客既退，於是以余讀史之法所與約略言之者，書

---

23 吳丕績著，王玨錚整理：〈孫隘堪年譜初稿〉，民國十三年條。
24 吳天宇：〈孫德謙《太史公書義法》考述〉，頁115-126。
25 吳丕績：〈孫隘堪先生年譜大綱〉，頁188，民國十五年條。

之簡首，為後之善讀《史記》者告焉。丙寅十一月長至日元和孫德謙。」[26]

從行文看尚不能得出《義法》即寫定於丙寅年的結論。同時這篇〈自序〉中還透露出一個信息，那就是《義法》一書本身已有一篇自序類的文字，即列在全書最後一篇的〈引旨〉，是仿《史記》〈太史公自序〉的體例對寫作經過的記述和對全書的概括總結。因此〈引旨〉篇對寫成時間的判斷也極為重要。考〈引旨〉篇，其中云「於今歲秋始寫定五十篇」[27]，這是對寫定時間的原始記述，惜其並未言及年份。綜合〈引旨〉與〈自序〉，前者作於某年秋，後者作於丙寅十一月，據此是否能作得出〈引旨〉即作於丙寅秋，同年冬孫氏借答客問之機又作〈自序〉這樣的推測？這看似頗合情理，但實則缺乏有力的證據。

此兩說孰真孰假？根據對孫氏往來書信的考察可知，〈引旨〉所言的「今歲」乃民國十三年，正是〈年譜初稿〉所記的甲子年，而非自序的丙寅年。

一九二五年孫德謙曾致信曹元弼，其中有云：「弟去秋八月後當亂離之際，又成《太史公書義法》都二卷，共五十篇……已付子蘭寫樣，俟刻成後當求誨政。」[28]這是孫氏對《義法》寫定時間的精確記述，也與〈引旨〉所言吻合。惟此信末尾原無時間，整理者據此信後文提到的高吹萬之外甥姚光致信並往見孫德謙的線索，考察《姚光全

---

26 孫德謙：《太史公書義法》，國家圖書館藏一九二七年四益宦刊本，索書號七四一〇九，〈自序〉，葉1a-5b。

27 孫德謙：《太史公書義法》，國家圖書館藏一九二七年四益宦刊本，索書號七四一〇九，卷下，葉69b。

28 許超傑、王園園：〈孫德謙致曹元弼書劄七通考釋〉，頁115-128。

集》所收書信，得出此信作於乙丑年（1925）的結論[29]，考證精詳可據。由此則知信中所稱「去秋」，即甲子年，正與吳丕績〈年譜初編〉所記相符合，彼此印證，可知《義法》寫定於民國十三年，〈引旨〉所謂「今歲秋」乃民國十三年秋八月，而丙寅冬的自序則是《義法》寫定兩年後孫氏所新撰，故這篇自序的時間並不能代表《義法》寫定的時間。

綜上，《義法》一書寫定於民國十三年八月，民國十四年五月鄭孝胥題寫書名，民國十五年十一月孫德謙撰自序，民國十六年五月張爾田撰叢書總序，同年《義法》刻成。

## 四　餘論

以上通過考證確定了孫德謙《太史公書義法》的寫定時間與刊刻時間，辨析了此前的若干誤解。此事雖無關《義法》之宏旨，但能從方法上對考察一部書籍的時間資訊時應注意的問題略有啟示。

古今任何一部書籍，從構思、動筆到寫定再到刊行，有時還包括修訂再版，其間必經歷若干時間。在整個過程中，寫定時間與刊刻時間是兩個最重要的時間點，後者尤其受到重視。因為一部書的刊成則意味著該書正式進入公共領域，開始對廣大讀者及社會產生影響，因此一般書目題跋與收藏單位（以及現今的參考文獻）著錄的都是刻成時間。對古書刊刻時間的鑒定前賢已總結有若干方法，考察序跋即重要途徑之一。有些序跋（尤其是跋）中會直接記錄刊刻時間，這可以作為直接的依據，但有些則偏重對內容的揭示。對於序跋中沒有提到刊刻事宜的情況，嚴佐之先生指出：「一般來說序年和刻年相近，所

---

29 許超傑、王園園：〈孫德謙致曹元弼書劄七通考釋〉，頁115-128。。

以在缺其他證據時，也可以根據序跋年代來鑒定，著錄時稱作『序刻本』。」[30]不過，用序跋時間代替刊刻時間只是別無良策下的權宜之計，因為所謂序跋年和刻年相近的前提只是一個基於經驗的推測，正如李致忠先生所說：「寫序寫跋之年，有時是刻書之年，有時就不是刻書之年。」[31]對此要結合牌記、字體、版式、紙張、避諱、刻工、書籍內容等方面綜合考察，對於晚近一些採取古籍裝幀的書籍或缺少版權信息的書籍，則可根據日記、書信、評論等資料勾稽，而不能過於相信序跋，例如胡適《中國哲學史大綱》初版只有一篇蔡元培作於一九一八年八月的序，但該書刻成出版已在次年二月[32]。

除刊刻時間外，文本寫定的時間也是一些著眼於某部書成書經過的研究者十分重視的信息。不過，相對而言，序跋與寫定之間的時差往往要比其與刊刻之間的時差更大一些。因此特別要注意是，除非序跋中明確記錄了寫定時間，否則該序跋只能作為參考，須另外根據文集、日記、書信等相關資料勾稽其寫定時間，如直接將這類序跋的時間作為文本寫定的時間，則是武斷而危險的，如《義法》中孫德謙自序就晚於寫定時間兩年。

同時，對於晚近書籍還要注意時間信息中鄰近歲末的干支與西元的轉換。如《義法》自序已在丙寅年冬至（1926年12月22日），則即使沒有次年張爾田序文等材料也能推知其刻成時間極可能已進入西元一九二七年。又如王國維《宋元戲曲史》自序雖無落款，但其中說「壬子歲莫，旅居多暇，乃以三月之力寫為此書」，壬子為一九一二年，但歲末又加三月，則寫定時間極有可能已經進入西曆次年。實際

---

30 嚴佐之：《古籍版本學概論》（上海：華東師範大學出版社，1989年），頁130。

31 李致忠：《古書版本學概論》（北京：書目文獻出版社，1990年），頁143。

32 胡適撰，耿雲志等導讀：《中國哲學史大綱》（上海：上海古籍出版社，1997年），頁1。

上，據研究者考察，此書寫定於壬子年十一月廿八日，於西元已在一
九一三年一月了[33]。

綜上，對於一部書籍的寫定時間與刊刻時間，在條件允許的情況
下，不宜直接根據序跋時間作出簡單的推定，而應當盡量廣泛搜集各
種資料勾稽考證，以求取得最接近事實真相的結論。

——原載《圖書館研究與工作》二〇二一年第六期

---

33 王國維撰，葉長海導讀：《宋元戲曲史》（上海：上海古籍出版社，1998年），頁17。

# 孫德謙的《史記》研究

　　孫德謙（1869-1935），字受之，又字壽芝，號益葊，晚號隘堪居士，室號四益宦，江蘇元和（今蘇州）人。孫氏是清末民初的老輩學者，立場保守，但學問淵博。治學以章學誠為指歸，故深契流略之學，著有《漢書藝文志舉例》、《劉向校讎學纂微》等，又「以章氏治史之法治諸子」[1]，著《諸子通考》、《諸子要略》等，復以餘力工駢文，著《六朝麗指》。孫氏學兼四部，尤以子學為長。近年來學界已逐漸重視其諸子學研究的成就[2]，對其校讎學[3]和駢文理論[4]也有相當的

1　吳丕績著，王珏琤整理：〈孫隘堪年譜初稿〉，光緒二十五年（1899）條。據整理者的按語，此譜前半部分曾於一九四四至一九四五年分三次刊載於《學海》月刊，後半部分未及刊載，僅存抄本，此次整理是年譜全文首次刊布。

2　如張京華：〈孫德謙及其諸子學〉，《湖南農業大學學報（社會科學版）》2012年第5期，頁79-84；陳志平：〈論孫德謙的諸子學研究〉，收於方勇主編：《諸子學刊》（上海：上海古籍出版社，2013年），第8輯；陳志平：〈第三條路：民國孫德謙的諸子學研究〉，《江漢論壇》2014年第5期，頁74-79；王銳：〈讀子以致用──孫德謙對於諸子學的闡釋〉，收於方勇主編：《諸子學刊》（上海：上海古籍出版社，2017年），第14輯。

3　如柯平：〈論孫德謙的目錄學思想〉，《武漢大學學報（社會科學版）》1986年第3期，頁122-128；許廣奎：〈論孫德謙的目錄學思想〉，《圖書館學研究》2000年第6期，頁88-90；張晏瑞：《孫德謙及其校讎目錄學研究》（臺北：臺北市立教育大學碩士論文，2009年）；傅榮賢：〈孫德謙《漢書‧藝文志》研究得失評〉，《圖書館》2014年第5期，頁42-43；杜志勇：〈孫德謙〈漢書藝文志舉例〉述論〉，《求是學刊》2016年第3期，頁138-143；張雲：〈孫德謙稿本〈金史藝文略〉考論〉，《圖書館雜誌》2016年第4期，頁103-108。

4　如王益鈞：《孫德謙駢文理論研究》（香港：香港中文大學碩士論文，2006年）；丁姍姍：《〈六朝麗指〉駢文理論研究》（南昌：江西師範大學碩士論文，2007年）；李

研究，但對其史學方面的成果關注尚少[5]。孫氏的史學著作《太史公書義法》「尤為一生精力之所萃焉」[6]，不僅體現出章學誠的治學方法，同時表現出政治立場對學術的影響，是孫氏思想研究中不可忽略的重要部分。

## 一 孫德謙的學術宗旨與立場

王國維在為孫德謙的《漢書藝文志舉例》作序時曾指出，孫德謙和張爾田「二君為學，皆得法於會稽章實齋先生，讀書綜大略，不為章句破碎之學」[7]。這一概括不僅點明了孫、張的學術特點，也指明了其淵源。孫德謙早年習高郵王氏之學以治經書，但在三十歲上發生了一大轉變，「是年，先生於經小學自艾不得大義，為高郵一派徒屑屑於章句，非其至，遂去經而專治百家言」[8]；次年他與好友張爾田「同治會稽章實齋書，始以章氏治史之法治諸子」[9]，此後遂以子學知名。對於「以章氏治史之法治諸子」，張爾田有一段具體闡釋，他說：

---

倩倩：《孫德謙〈六朝麗指〉新探》（石家莊：河北師範大學碩士論文，2014年）；王榮林：《〈六朝麗指〉研究》（瀋陽：遼寧大學博士論文，2015年）；趙益：〈孫德謙「說理散不如駢」申論——兼論駢文的深層表達機制〉，《文學評論》2017年第4期，頁100-107。

5　如湯黎：〈孫德謙《太史公書義法》的史學價值〉，《華中國學》（武漢：華中科技大學出版社，2014年），卷2。另據張晏瑞論文稱有韓國學者李寅浩（이인호）的兩篇韓文研究，分別是〈《太史公書義法》研究〉，《中語中文學》1997年第21輯；〈《太史公書義法‧衷聖》譯解〉，《中國語文論譯叢刊》2007年第19輯。

6　〔清〕張爾田：〈孫隘堪所著書序〉，《太史公書義法》，1926年四益宦刊本，卷首，葉3a。

7　王國維：〈漢書藝文志舉例後序〉，收於謝維揚、房鑫亮主編：《王國維全集》（杭州：浙江教育出版社，2009年），卷14，頁164。

8　吳丕績著，王珏琤整理：〈孫隘堪年譜初稿〉，光緒二十四年（1898）條。

9　吳丕績著，王珏琤整理：〈孫隘堪年譜初稿〉，光緒二十五年（1899）條。

　　諸子之學絕千餘年，國朝儒者非無治之者，然大抵皆校勘家，
非子學也。兩人本篤信章實齋，習於流略，遂於〈漢藝文志〉
發悟創通，自唐以後，言諸子而能本於〈漢志〉者，實自吾兩
人始。嘗自詡其功不在戴東原發明《孟子》字義之下。即有欲
推翻吾兩人者，亦必先推翻〈漢志〉不可，〈漢志〉苟推翻，
則中國學術且盡亡。苟其為中國人、有人心也者，必不滅裂至
此。吾兩人現見及此，於是用〈漢志〉創通諸子。益葆先成
《諸子要略》，僕亦成《史微》〈內篇〉，益葆復又成《通考》
三卷。於王念孫輩校勘訓詁外，別辟一門徑矣。」[10]

可見孫、張二人的子學研究並非校勘訓詁的路徑，而是以《漢書》
〈藝文志〉為本，自覺地將章學誠的治學方法應用在子學方面，這是
二人子學研究的獨特之處。當今研究者亦指出，孫德謙「探尋諸子學
的源流衍變，以求體系貫通……走的是一條略近於現代『學術史』研
究的道路，可以說是獨立於考據學、依傍西學之外的『第三條路』」
[11]。這顯然是得自章學誠的「辨章學術，考鏡源流」的路徑，也即王
國維指出的「宗大略，不為章句破碎之學」的特點。這一特點不單單
表現在他的子學研究方面，而是作為孫氏治學的基本宗旨貫穿於他的
各種著作中。

　　孫德謙的學術特點還受到其政治立場的深刻影響。作為遺老的孫
氏在清末時就已彰明自己守舊的態度，光緒三十四年（1908）他與張
爾田合著《新學尚兌》，敘中明言「自古得天下者，蓋未有如我大清之

10　一九三五年十一月五日張爾田致陳柱書，見劉小雲編著：《陳柱往來書信輯注》（桂
　　林：廣西師範大學出版社，2015年），頁139。
11　陳志平：〈第三條路：民國孫德謙的諸子學研究〉，《江漢論壇》2014年第5期，頁74-
　　79。

正者也……不意三百年後有康、梁諸人出，創為革命變法之說，以簧鼓天下……舉國從之若狂」，因此他們要辟康、梁之新學，以正人心，如此「則我大清億萬年有道之長，其基於此矣」[12]，維護朝廷之情溢於言表。然而不過三年，現實就擊碎了孫氏的迷夢。辛亥年孫氏作〈三末謠〉云：「金末能詩壽不長，元末殉難官平章。及余而三又清末，不夭不節守其常。」將自己和金末、元末兩個同名為孫德謙者相並論，以見其志，此後遂以遺老自居。民國元年冬，陳煥章、沈增植、梁鼎芬等在上海創立孔教會，孫德謙被邀入會，作〈孔教大一統論〉，刊於一九一三年《孔教會雜誌》首期首頁。此後他為《孔教會雜誌》撰文多篇，如〈孔教功在文治論〉、〈尊聖以端治本議〉等，皆以尊孔子、闡名教為宗旨，力圖在思想上恢復舊範。另外，孫氏還有許多年譜等人物研究類著作，其對象的選擇顯然不是隨意的，如《稷山段氏二妙年譜》的譜主段克己、段成己兄弟是不仕元朝的金源遺民，《吳彥高年譜》的譜主吳激雖仕金而詞中常有故國之思，《元代遺民錄》的命名更直接揭示了主題，還有未完成的《陶靖節年譜》和《辛稼軒年譜》等，凡此種種均可說別有懷抱。一九二七年孫德謙托鄭孝胥借進講之機將所著書數種進呈溥儀，這一舉動的象徵意義是極為明顯的。次年孫氏年逢花甲，於病中自撰輓聯云：

> 勉為傳人，勉為完人，實是苦人，祈死已多年，壽越六旬，可以休矣。
> 能通經學，能通史學，最深子學，行文工駢體，書刊四部，倘不朽乎。[13]

---

12 〔清〕張爾田、孫德謙：《新學商兌》，光緒三十四年（1908）刻本，敘，葉1a-2b。

13 七年後孫氏去世，《大夏週報》一九三五年十二月三十日發行《追悼孫德謙先生專號》，其中刊出「隘堪居士自輓」，云「勉為傳人，勉為完人，直是苦人。平生歷盡

上聯論行事，下聯講學術，正是孫氏對自己一生學行之總結。其中「祈死」云云流露出的愴然心態，表明出孫氏念念不忘於遺老立場。可以說這一立場是孫氏思想中的最深層，不僅直接表現在各種立身行事之上，也深刻地影響著孫氏的學術取向。[14]

要之，孫氏的學術特點大旨厥有兩端，一是受章學誠影響而表現出宗大略、重義例的特點，一是出於政治立場而念茲在茲的尊孔子、倡名教的特點。如果說孫氏的子學研究更多體現了重義例的一面，那麼《太史公書義法》一書則同時凸顯出重義例和尊孔子的特點，從這個意義上說，稱此書為孫氏一生精力所萃確實是一個恰當的評價。

## 二　孫德謙對《史記》義法的分析

孫德謙的《太史公書義法》寫定於一九二四年，是其平生最後一部成書的著作，一九二六年作序並刊行[15]，即收在《孫隘堪所著書》[16]

---

艱難，行年已愈六旬，可以休矣。　能通經學，能通史學，最長子學。祈死匪伊旦夕，著書刊成數種，庶不朽乎。」與〈年譜〉所記略有不同，或暮年有所改動，然從文意看，上聯論行，下聯講學，似不當於下聯更言「祈死」云云，故疑以〈年譜〉所記為長。

14 本段所述行事均據吳丕績〈孫隘堪年譜初稿〉各年。

15 孫德謙一九二五年（乙丑）致書曹元弼時曾言「弟去秋八月後當亂離之際，又成《太史公書義法》都二卷，共五十篇」，知此書寫成於一九二四年秋。《太史公書義法》〈自序〉落款為「丙寅十一月長至日」，故吳丕績〈孫隘堪年譜初稿〉一九二四年云「秋，寫定《太史公書義法》。丙寅，序而刊之」。書劄見許超傑、王園園：〈孫德謙致曹元弼書劄七通考釋〉，《文獻》2017年第2期，頁115-128。

16 《孫隘堪所著書》是孫氏自刻的個人著作叢刊，一函五冊，收書四種，分別是《太史公書義法》（兩冊）、《六朝麗指》、《漢書藝文志舉例》、《劉向校讎學纂微》（以上各一冊）。其中後三種書此前均有四益宧單行本，與收在叢刊中的版本毫無區別。而《太史公書義法》所見有兩種印本，一種（國圖藏本，索書號七四一〇九）首葉為「孫隘堪所著書」六字，次葉正面為鄭孝胥一九二五年五月（舊曆月份，下同）所題「太史公書義法」書名，背面為「四益宧刊」四字，此下為張爾田一九二七年

中的四益宦原刻本。此後有過幾種影印本[17]，目前尚未見有點校整理本。

《太史公書義法》分上下二卷，卷上由〈衷聖〉至〈辯謗〉共廿六篇，卷下由〈通古〉至〈引旨〉共廿四篇，合計共五十篇。第五十篇〈引旨〉為自述其著書緣由及治學經歷等，是承襲《史記》〈太史公自序〉、《漢書》〈敘傳〉等古代經典史著的舊例，其餘四十九篇正文即孫氏所總結《史記》中的四十九條義法。據孫氏自言這一篇數是模仿了《文心雕龍》所謂「彰乎大易之數，其為文用，四十九篇而已」的安排，其書名所以不稱《史記義法》者，也是孫氏有意使用《太史公書》的原名[18]。書名「義法」，可見該書並非針對具體史實的考證匡謬，而是從原則、體例等宏觀方面著眼的研究。

白壽彝先生在〈談史學遺產〉一文中，將「史學基本觀點」、「史料學」、「歷史編纂學」、「歷史文學」四個方面比作史學遺產研究工作中四個最主要的「花圃」[19]。後來在《史學概論》一書中，他總結

---

舊曆五月所作《孫隘堪所著書序》，其後為孫德謙一九二六年十一月作《太史公書義法》〈自序〉，以下為目錄和正文。另一種印本（國圖藏本，索書號一〇四二八）與前者相比只少了張爾田的總序，其餘完全一致。推知《太史公書義法》此前沒有單行本，初刻時即收入《孫隘堪所著書》中，此為初印本，其時間當在一九二六年十一月孫德謙作自序後不久；此後又補入張爾田總序，是為重印本，其時間當在一九二七年五月張爾田作序後不久，由於只需在原版上補一兩葉，故應當很快即可完成。一九二七年五月孫德謙致書曹元弼時稱「拙著《太史公書義法》近始刻成」，所指應為重印本，可見重印工作當月就完成了。另外需要指出的是，由於兩種印本的《太史公書義法》扉頁均有鄭孝胥所題書名，末署「乙丑夏五」，故不少圖書館及研究者都稱此書為一九二五年刻本，這是不正確的。

17 其中單行的如《太史公書義法》（臺北：臺灣中華書局1969年）；與其他書合編的如楊家駱主編：《四史知意並附編六種》（臺北：鼎文書局，1976年），以及《文史通義等三種》（臺北：世界書局，1984年）。

18 孫德謙：《太史公書義法》〈引旨〉，四益宦刊本，卷下，葉69b。

19 白先生後來在四篇〈談史學遺產答客問〉中更分別對四個方面加以理論闡述，其中第二篇〈答客問〉將「史料學」這個方面改稱為「歷史文獻學」，見白壽彝：《中國史學史論集》（北京：中華書局，1999年）。《史學概論》一書主體即在四篇〈答客

「史學」的內涵也時說：「史學本身就包含著歷史觀點、歷史文獻整理、史書編著和歷史文學等內容。」[20]可見，對史學著作尤其是古代史書的研究，這四個方面是乃統轄提挈的「綱」。孫德謙的《太史公書義法》一書總結的四十九條義法，因襲用傳統的體例，各篇目平行臚列，缺乏綱的統轄和層級的歸納，實際上，他總結的諸多義法對上述四個方面均有所涉及，故可以把上述四個方面作為綱，將四十九條義法作為綱下之目加以統合，以便分析。

## （一）史學觀點[21]方面：論司馬遷作史宗旨的正統性

作史必先有原則性的指導思想。孫德謙沒有直接揭示《史記》的歷史觀，而是著重論證司馬遷的思想與孔子相符合，這一思路顯然源自孫氏尊孔的根本立場。因此他不同意班固對《史記》「是非頗繆於聖人，論大道則先黃老而後六經」的評價，在首篇〈衷聖〉裏即指出「司馬遷之作《史記》也，立言一本孔子」。對此他舉出了四個方面的證據：一、「本紀、世家之中於孔子之卒必特筆書之」；二、「十二諸侯年表又以其和孔子相為終始」；三、列孔子於世家，「意在尊聖」；四、《史記》中的論贊評價不僅常引孔子的言論，且以孔子的評價為準繩，包括世家首太伯、列傳首伯夷的排列也是因孔子曾讚歎二家之讓德[22]。尊孔則必尊儒，孫德謙在第二篇〈尊儒〉中從顯、隱兩

---

問〉的思路上發展而來，見白壽彝：《史學概論》（寧夏：寧夏人民出版社，1983年），頁1，〈題記〉。

20 白壽彝：《史學概論》，頁9。

21 歷史觀點和史學觀點在理論研究中是兩個不同的範疇。對於中國古代史學遺產的研究來說，白壽彝先生指出，史學遺產中「史學基本觀點」包括「歷史觀」、「歷史觀在史學工作中的地位」和「史學工作的作用」三個方面，見白壽彝：《中國史學史論集》，頁446。

22 孫德謙：《太史公書義法》〈衷聖〉，卷上，葉1a-3a。

方面論述司馬遷的尊儒。明顯的表現如立孔子於世家,為孔門弟子立
列傳,又立〈儒林傳〉,這是人人皆知的。不太明顯的例如,孫氏指
出,儒家尚仁義,而〈漢興以來諸侯年表〉中稱「要之以仁義為
本」,〈高祖功臣侯年表〉稱「豈非篤於仁義」,〈惠景間侯者年表〉稱
「表始終當世仁義成功之著者」,可見司馬遷以儒家仁義的觀念為評
論之標準[23]。此外,儒家尊六經,孫德謙特作〈宗經〉篇,從「宗經
之體」、「宗經之文」、「宗經之說」、「宗經之意」四個方面論《史記》
的「宗經」。他指出,六經皆史也,《易》為殷周之際史,《詩》為西
周史,《春秋》為東周史,而《尚書》則為通史,《史記》取法《尚
書》,這是「宗經之體」;〈堯本紀〉引《尚書》文、〈舜本紀〉引《左
傳》文,這是「宗經之文」;據《禮》批評秦國郊祀不合禮法,這是
「宗經之說」;本《春秋》首隱公之意,將孔子盛讚其讓德的太伯和
伯夷分別置於世家和列傳之首,這是「宗經之意」。總之是「一以經
為宗」[24]。

　　孫德謙還指出司馬遷尊孔尊儒的另兩項具體表現,一是特重表彰
賢者。在〈彰賢〉篇孫氏指出,孔子盛讚伯夷、叔齊這樣的岩穴之士,
司馬遷本孔子之意,對布衣賢者「故為表彰之」,使其不至於湮滅無
聞。劉知幾曾對司馬遷不為皋陶、傅說這樣功烈尤顯的古人立傳表示
遺憾,孫德謙指出這是劉知幾未曾領會司馬遷表彰賢者之意。對於
《史記索隱》稱應當補子產、叔向等傳,孫氏認為其中有些已見於世
家等相關篇章,而有些應當表彰的則由於文獻不足無法立傳,這也正
是司馬遷在〈伯夷列傳〉的贊裏對賢者磨滅無聞太息痛恨的原因[25]。
在〈崇學〉篇中,孫德謙指出司馬遷尊儒的另一具體表現是重學術源

---

23　孫德謙:《太史公書義法》〈尊儒〉,卷上,葉3a-5a。
24　孫德謙:《太史公書義法》〈宗經〉,卷上,葉5a-8a。
25　孫德謙:《太史公書義法》〈彰賢〉,卷上,葉44a-46b。

流的記載。儒家所重在學，《史記》傳人物時「於人之有學及所從學之人無不詳哉言之」，即便所記不是儒家學者，也原原本本述其源流，幾如一篇藝文志[26]，如此不僅是尊儒的表現，也體現了史家的眼光。

　　孫德謙用宏觀的〈衷聖〉、〈尊儒〉、〈宗經〉等篇和具體的〈彰賢〉、〈崇學〉等篇，從不同方面反駁班固「是非頗繆於聖人」的說法，證明了《史記》根本宗旨的正統性。然而，孫氏自己也曾發現一個危疑之處，即司馬遷〈太史公自序〉曾說：「先人有言：『自周公卒五百歲而有孔子。孔子卒後至於今五百歲，有能紹明世，正《易傳》，繼《春秋》，本《詩》、《書》、《禮》、《樂》之際？』意在斯乎！意在斯乎！小子何敢讓焉。」[27]《易傳》向來被認為是孔子所作，而司馬遷意欲正之，豈不是和尊孔有所衝突？面對這一疑難，孫氏特作〈正易〉篇加以解釋，他說，伏羲始畫八卦，故《易傳》溯源伏羲；而黃帝首置史官，故《史記》斷自黃帝。這是《史記》和《易傳》的不同之處，「《易》學出於庖犧，史學出於黃帝」，「史與《易》既各有所宗，斯其正之之義也」[28]。孫德謙把「正之」同說明源頭聯繫起來，以彌合「正易」和尊孔之間的不合之處，雖頗顯勉強，卻也維護了他所相信的司馬遷尊孔的初衷。

　　對於班固「是非頗繆於聖人」的下一句「論大道則先黃老而後六經」，孫氏立〈原史〉篇加以反駁。他指出，史職創立於黃帝，老子也曾為史職，且班固也說道家出於史官，故論大道而先黃老，正是由於「史學導原於黃老耳」；而「六經皆史也」，「後六經」並非貶抑，而是溯源，「六經宜在其後，不得不取黃老為先矣」，孫氏說這正體現了司馬遷「深於史學，能識具淵源所自」的見識[29]。這篇的論據其實

---

26　孫德謙：《太史公書義法》〈崇學〉，卷上，葉53b-56a。
27　〔漢〕司馬遷：《史記》（北京：中華書局，1959年），卷130，頁3296。
28　孫德謙：《太史公書義法》〈正易〉，卷上，葉8a-10a。
29　孫德謙：《太史公書義法》〈原史〉，卷上，葉16a-18b。

同〈正易〉篇較相近，而要反駁的問題略有不同。

除了「是非頗繆於聖人」這幾句，孫德謙指出，班固還曾稱司馬遷「以身陷刑，故微文刺譏，貶損當世」；王允則稱「昔武帝不殺司馬遷，使作謗書，流於後世」；後人便引司馬遷「大抵聖賢發憤之所為作」一句為佐證，認為《史記》是一部洩憤之謗書，章懷太子注《後漢書》遂稱「《史記》但記漢家不善之事」，至葛洪等又衍為列傳首伯夷乃見善人未必有報、項羽入本紀乃見帝王未必有德等說法。為此孫德謙專立〈辨謗〉一篇加以反駁。首先他從時間上指出，司馬遷曾稱「七年而太史公遭李陵之禍」，說明受刑以前早已開始撰寫，故班固之說不可信。而「發憤」一詞是奮勉勵之意，並非憤恨之意。王允之說，只是因蔡邕黨於董卓，若使蔡邕修史，必不可信，故「借遷以甚其辭，遂有謗書之稱」。對於列傳首伯夷，孫氏一再指出是本孔子稱讓德之義；項羽入本紀是因當時政由羽出，號令天下，幾同於帝。至於章懷太子的言論，孫氏列舉《史記》中若干正面評價漢朝之處[30]，

---

30 司馬遷在〈秦楚之際月表序〉中稱漢高踐祚「豈非天哉！豈非天哉！非大聖孰能當此受命而帝者乎？」孫德謙以此作為司馬遷讚美漢朝的一個證據，湯黎在其文章中認為這句話：「是司馬遷在專制強權的壓力下，出於萬般無奈而發出的言不由衷的『讚歎』」，因而認為孫氏誤解了司馬遷。見湯黎：〈孫德謙《太史公書義法》的史學價值〉，《華中國學》（武漢：華中科技大學出版社，2014年），卷2，頁316。按此說不確，司馬遷對漢朝固然有所譏諷，但也未必處處如此，祝總斌先生在〈有關《史記》歌頌漢王朝的幾個問題〉中指出：「《史記》基本政治傾向是旨在歌頌、肯定漢代統治者。」見祝總斌：《材不材齋史學叢稿》（北京：中華書局，2009年），頁68。〈月表序〉中這句話就是司馬遷對高祖功業正面讚許的一例，同時這句話也是他作為史學家對歷史發展中「天人之際」問題的思考，劉家和先生指出：「司馬遷所說的這種天，如果換用黑格爾的話來說，就叫做『理性』或『普遍的東西』。……每一個個體或特殊者都在為自己的利益而熱情地鬥爭著，而站在背後的普遍者、理性或天卻假手於個體間的熱情的鬥爭去實現天自己的計畫，個體的自覺的努力卻使其自身轉變為天的不自覺的工具。」見劉家和：〈《史記》與漢代經學〉，《史學史研究》1991年第2期，頁11-22，後收入氏著：《古代中國與世界》（北京：北京師範大學出版社，2010年），頁324-325。

證明其是善惡並舉的良史[31]。

善惡並舉，直言不諱，歷來是中國古代優秀史家的撰述宗旨，司馬遷更是如此，對此孫德謙立〈直言〉一篇加以申論。他指出，正是由於司馬遷不虛美、不隱惡，直言景帝、武帝之短，才觸怒了武帝。他因李陵事而受刑，「武帝不過借此以洩其怒」，實則「武帝之怒，特怒其直言耳」。司馬遷因直言而受刑，導致此後「孟堅而下，良直之風不行」，而司馬遷則真正做到了孔子盛讚的這一品質，不愧良史之稱[32]。

作為良史，除了態度上的「直言」外，孫德謙認為，還貴在能識大體、知變化。在〈識大〉篇，孫德謙引用章學誠論司馬遷「略於明悟器數，惟期得其大體」的一大段言論，認為這是作史的正道，然後略加發揮，指出「史之當識大體，與經之當通大義，其道同也」，並由此出發，對當時「專務瑣屑考訂」的經學家表示不滿，認為他們「昧於大義」。與此類似，在〈知變〉篇，孫德謙指出，史官之可貴，正在於能「通古今之變」，以資考鑒，而當時一些治史者則沒有做到這一點，他說：

> 其治史也，又詳於古而略於今。於是見商周鼎彝，釋其文字，得一碑誌，喜其古也，且謂可以徵史，而史之所藉以為今人鑒戒之具者則懵然而無知也。尤其甚者，高談皇古，欲求之地下，而期乎發掘之有所得，謂庶幾史材之憑證焉。嗚呼！史學豈若是哉？[33]

---

31 孫德謙：《太史公書義法》〈辨謗〉，卷上，葉62a-65b。
32 孫德謙：《太史公書義法》〈直言〉，卷上，葉42a-44a。
33 孫德謙：《太史公書義法》〈知變〉，卷上，葉39b-42a。

這段批評充滿對考古發掘、文字考證工作的不滿，認為這類工作對以史為鑒的闡發沒有價值。孫德謙學宗章學誠，對清代傳統的金石考證本就不甚重視，再加上重視出土材料是民國時期史學中最具代表性的新風尚，守舊的孫氏自不免對此有所排斥，故這裏從強調通古今之變一轉而去批評當時的考古發掘，看似轉折突兀，實則是其立場與思想的自然體現，同時客觀上也對沉溺考據不求致用的弊端有所警示。

總之，孫德謙反覆強調《史記》的思想是合於儒家正統的，司馬遷本於孔子，折衷六藝，以孔子的言論為評價人事的標準，並實踐了孔子對史官「直言」的要求，因此他認為後世對司馬遷《史記》的非毀是既不恰當且不應該的。

## （二）史料採擇方面：論《史記》史料的豐富來源及揀選

在觀念的指導下，具體的作史工作第一步就是搜集材料。對於《史記》材料的來源，孫德謙在〈博采〉篇列舉諸多例證說明其取材之廣泛。首先就是類如「余讀牒記」、「余讀《春秋》古文」、「余讀功令」等司馬遷明確交代的來源。其次是直接引用如老子語或管子語等，可見其雜採百家之言[34]。此外，〈太史公自序〉中說「余所謂述故事，整齊其世傳，非所謂作也」。孫德謙從此句出發，立〈整世〉篇，認為這裏「謂之『世傳』者，蓋世所舊有之傳也」，「凡諸列傳，遷不過於世所舊有者取而整齊之」。他指出，最明顯的證據就是〈伯夷列傳〉裏「其傳曰」云云，以下述伯夷、叔齊餓死首陽山事「皆是舊傳原文」。而〈伯夷列傳〉首段司馬遷云「余以所聞由、光義至高，而文辭不少概見」；對此孫德謙分析說，「以許由之不見於文辭，則夷、齊之有舊傳益可悟矣」，認為這正從反面證明了其取材於舊

---

34 孫德謙：《太史公書義法》〈博采〉，卷下，葉39a-44a。

傳。不僅列傳如此,「本紀、世家悉取行世舊籍為之整齊」,如〈衛康叔世家〉云「余讀世家言」,又世家中常言「伐我某地」,顯然是原有記載的迻錄。故此孫德謙認為,司馬遷作《史記》時,很多時候是「就世傳者整齊之,其世傳所無,則從蓋闕」。他以秦義帝為例,認為從〈秦楚之際月表〉等篇可見司馬遷對義帝是特別尊崇的,本當為他立傳,但「傳反缺之者,其世傳無可援據耳」[35]。

《史記》豐富的取材中是否包括《左傳》,古人有不同意見。如班固稱「司馬遷據《左氏》」,而劉知幾等則認為司馬遷未曾見過《左傳》。對此孫德謙專立〈據左〉篇,首先從學術流傳的角度指出「《左氏》行於西漢,史公當及見之」。其次,〈十二諸侯年表〉中有「左丘明懼弟子人人異端,各安其意,失其真,故因孔子《史記》具論其語,成《左氏春秋》」的話,分明已言及之。孫氏還列舉了一些《史記》引《左傳》的文字,以證明司馬遷必然見到《左傳》[36]。

除了文字記載,《史記》豐富的材料中還有許多來自於司馬遷耳聞目見。在〈紀聞〉篇,孫德謙列舉了司馬遷記載傳聞之事的兩種情況,一類是指名聞自何人,如〈項羽本紀〉的「吾聞之周生」、〈趙世家〉的「吾聞馮王孫」等;另一類是不詳姓名的,如〈魏世家〉的「墟中人」、〈淮陰侯列傳〉中的「淮陰人」等[37]。在〈徵見〉篇,孫氏列舉了司馬遷記載親見之事的四種情況:一是見其地,如訪問信陵君之夷門、觀蒙恬所築長城等;二是見其人,如自稱曾觀韓長孺、李廣、郭解等;三是見其事,如〈封禪書〉言「余從巡祭天地諸神名山川而封禪焉」、〈河渠書〉言「余從負薪塞宣房」等;四是見其物,這裏只舉了見張良畫像一例。最後孫氏認為,重視對耳聞目見的記載是

---

35 孫德謙:《太史公書義法》〈整世〉,卷上,葉12a-16a。

36 孫德謙:《太史公書義法》〈據左〉,卷下,葉26a-28b。

37 孫德謙:《太史公書義法》〈紀聞〉,卷下,葉22a-24b。

司馬遷所以成為偉大史家的一個重要原因，由此他順帶批評了文人修史的不足，認為「彼文儒局於偏隅而所見淺狹者，使秉筆為史，宜其僅能致功於詞翰，記載每易失實也。」[38]這一批評確實指出了《史記》在之後一些史書中存在的問題。

面對豐富的文字記載和聞見材料，其可信程度如何，如何去取揀擇，這是史學家要面對的的又一項重要工作。在〈擇雅〉篇孫德謙指出，「但知廣事蒐訪，而一無別擇者，其弊也必失之誣」，孔子本魯史而作《春秋》，對舊有材料筆削嚴明，司馬遷繼承此意，對網羅來的天下放佚舊聞也嚴加揀擇。〈五帝本紀〉稱「百家言黃帝，其文不雅馴，薦紳先生難言之」。孫德謙謂由此可見司馬遷作史「苟非雅言，皆在所摒」。他特別指出兩類可信度不高的材料，一類是小說，他說，「《晉書》之泛收小說，宜其為通識所訾」。另一類則是金石，他指出：

> 吾聞今之為史學者，莫不注意於發掘，恃為考古之資。於是得一彝器，則辨其文字時代；得一碑碣，則訂其年月職官，往往以舊史為不足重。夫史有是非褒貶，金石家言則與史異，昌黎韓氏猶不免諛墓之誚。執金石以議史，謂其疏略牴牾，安知非當日史官芟截繁蕪，所書事實確有憑藉者乎？[39]

同前引〈知變〉中對發掘考釋的批評一樣，孫德謙此處的觀點也源於其立場上的偏頗，但客觀上他所指出的兩個問題確實值得深思。一是一些墓誌文存在在諛墓的現象，未可盡信，尤其是缺乏傳世文獻的時候；二是當傳世記載和金石文獻相矛盾時，未必金石所載就一定可

---

38 孫德謙：《太史公書義法》〈徵見〉，卷下，葉24b-26a。
39 孫德謙：《太史公書義法》〈擇雅〉，卷上，葉10a-12a。

信，他認為，流傳下來的史官的記載可能是在眾多材料中有所考訂而成的，而金石記載也許只是當時眾多材料中的一種，未必史官未曾見過，反而可能是被刪汰者。這一批評對一些過於相信出土文獻而輕視傳世記載的現象有警示作用，對兩種文獻關係的思考也有理論上的價值。

除了擇雅，還有兩種做法也是慎重對待史料的表現。一是闕疑，這是本於孔子「君子於其不知蓋闕如」和「多聞闕疑，慎言其餘」的教誨。二是孫德謙有意強調的傳疑和錄異。在〈載疑〉篇孫氏指出，「闕疑為慎，有疑而仍傳其說者，未嘗不謂之慎」，這是由於「人生古人後，傳聞異辭，安能由我而決之？所以傳疑者，留待後賢之檢討耳」。他舉老子和墨子為例，〈老子傳〉講完李耳後說「或曰老萊子，亦楚人也」；〈孟子荀卿列傳〉後附墨子時說「墨翟……或曰並孔子時，或曰在其後」；都是並載異說，「疑以傳疑，斯慎之至也」[40]。在〈錄異〉篇，孫氏舉〈秦始皇本紀〉論贊之後又加入的一大段秦君立年和葬處的記載，認為這顯然是司馬遷所據的另一種材料，並且他指出，從這裏可以看出，司馬光的《考異》之法也是由司馬遷在《史記》所創立的[41]。

孫德謙在〈訂誤〉篇指出，《史記》中還有一種對待史料的態度，就是引述一種說法然後加以反駁。例如〈周本紀〉言「學者皆稱周伐紂，居洛邑，綜其實不然。武王營之……至犬戎敗幽王，周乃東徙於洛邑」，這是司馬遷對「周伐紂，居洛邑」的不確說法的辯駁。〈魏世家〉言「說者皆曰魏以不用信陵君，故國削弱至於亡，余以為不然」，這是辯駁把魏的削亡歸咎於不用信陵君的觀點。這種做法孫氏稱之為「史公自有訂誤之處」，於是，孫德謙相信經過擇雅和訂誤

---

40 孫德謙：《太史公書義法》〈載疑〉，卷上，葉23a-25a。

41 孫德謙：《太史公書義法》〈錄異〉，卷下，葉44a-47b。

而成書的《史記》，其中的記載都是可靠的，後人「所黜為謬誤者，
必不當輕肆譏評」，婉轉指出後人所指摘的《史記》中的訛誤，未必
真的就是司馬遷的錯誤[42]。

　　按照孫氏的說法，《史記》的記載「史公自有訂誤之處」，「何待
後人之糾訂」，那麼如何解釋《史記》中明顯矛盾的地方？這不是傳
疑或錄異就可以講通的，對此孫德謙立〈存舊〉篇進行解釋。他認
為，正如〈整世〉篇所言，《史記》的大部分記載來自於舊傳，因此
那些有矛盾的記載，如吳、楚二國因邊境爭桑而引發戰爭一事，爭端
發生的地點卑梁，在〈吳世家〉記為楚邊邑，在〈楚世家〉則記為吳
邊邑；爭端涉及的人物，在〈吳世家〉記為二女，〈楚世家〉則為小
童，這是因為「蓋兩世家之舊，各存其說耳」。又如黃池之會時吳、
晉二國爭長，〈晉世家〉記為長吳，〈吳世家〉記為長晉，孫德謙認為
這也是兩國記載本不一致，而司馬遷「皆據其國史舊聞」[43]。實際
上，關於黃池之會的不同記載在《春秋》三傳和《國語》中就有所反
映，《史記》中也不只此兩處[44]，事實如何，歷代聚訟紛紜，但對於將
《史記》中類似的矛盾記載解釋為史料來源不同的說法，學者們基本
都持認同的態度。

　　總體來說，在史料來源方面，孫德謙強調《史記》多採舊有之
傳，在材料去取方面，他指出司馬遷運用了擇雅、闕疑、傳疑、錄異
等多種方式，尤其指出司馬遷在文中對一些舊說有自覺地考正訂誤，
而對於仍存在的矛盾之處則解釋為保存了不同史料來源的舊貌。在
《史記》史料採擇方面孫德謙的分析是比較全面和正確的。

---

42 孫德謙：《太史公書義法》〈訂誤〉，卷上，葉25a-27b。

43 孫德謙：《太史公書義法》〈存舊〉，卷上，葉18b-21a。

44 具體來說，《左傳》、〈吳世家〉記為長晉人，《公羊傳》、〈吳語〉、〈秦本紀〉、〈晉世
　　家〉、〈趙世家〉、〈伍子胥列傳〉記為長吳人。

## （三）史書編纂方面：論《史記》的體例

在揀擇材料之後，修史工作另一個重要部分方面就是編纂體例方面上的問題。眾所周知，《史記》是紀傳體通史。在紀傳體方面，孫德謙作〈創體〉篇指出，「紀傳之為史，惟馬遷始創此體耳」，《史記》中的本紀、世家、表、書、列傳五種體裁，「雖未嘗無所取法，合紀傳諸體而自成其一家言，則為彼所創立矣」。而且孫氏特別強調，為項羽、呂後立本紀，孔子、陳涉、外戚列世家，其中都寓有司馬遷的深意，後人不解而妄加駁詰，是不可取的[45]。在通史體方面，孫氏作〈通古〉篇指出，二家不必截然區分，「通古、斷代，只本紀見其區別」，在典章制度等方面「若欲考其源流得失，不能不居今而稽古」[46]，揭示出通史和斷代史之間既有區別又有聯繫的特點。

《史記》篇章標題中人物的稱呼存在標準不統一的現象，如〈樊酈滕灌列傳〉，或稱姓氏，或稱封爵，對此有些人認為司馬遷有借題目以示褒貶的微意。孫德謙反對這種看法，在〈標題〉篇他認為，「史公何嘗標目以示褒貶哉？蓋史書極有義法……區區標題，非其要為者也」。並指出《史記》的標題只是「本之時俗通稱」[47]，這是實事求是的正確看法。

孫德謙特別區分了《史記》的人物傳記部分的「別目」與「合傳」。「別目」「謂〈儒林〉諸傳別設題目者」，共〈刺客〉、〈循吏〉、〈儒林〉、〈酷吏〉、〈游俠〉、〈佞幸〉、〈滑稽〉、〈日者〉、〈龜策〉、〈貨殖〉十篇。孫德謙認為，這種安排「分別部居，蓋有類族辨物之意也」。從這個意義出發，他認為世家中的〈外戚世家〉也有此意。這

---

45 孫德謙：《太史公書義法》〈創體〉，卷下，葉3a-6b。
46 孫德謙：《太史公書義法》〈通古〉，卷下，葉1a-3a。
47 孫德謙：《太史公書義法》〈標題〉，卷下，葉6b-8b。

裏他首先辯駁了認為外戚不當列世家的說法，他指出，外戚由后妃而得勢，「后妃之家，父子兄弟俱有封爵，得比乎諸侯之列，故目之曰外戚而次之於世家。蓋外戚非就后妃言，乃謂其家父子兄弟也」。同時他又指出《外戚世家》所記並非一族，這是和其他世家不同之處，而與「別目」所記都體現出以事類相合的特點[48]，這一看法對理解〈外戚世家〉是有幫助的。

與「別目」類似，「合傳」所記也不止一人。孫德謙指出，合傳有以名位而合的，有以學術而合的，皆有其旨意在。他以後人議論頗多的〈魯仲連鄒陽列傳〉和〈屈原賈生列傳〉為例指出，司馬遷對魯仲連和鄒陽「一則謂其不屈，一則謂其不撓」，精神上有相類之處；而對屈原和賈誼，不僅因賈誼曾作文以弔屈原，更因二人皆「文儒之不遇者」，孫氏還批評《史記索隱》在這些方面未能真正揭示司馬遷的宗旨，「專治史書而不能推闡其義法」[49]。

《史通》曾指出史書有和「寄傳」和「附傳」的做法。「寄傳」指「事蹟雖寡，名行可崇，寄在他篇，為其標冠」，如《漢書》商山四皓列〈王吉傳〉之首。孫德謙指出，後世未能繼承這種做法，僅有「附傳」還存在。「附傳」指如〈孟子荀卿列傳〉附三鄒、慎到等人、〈張儀傳〉附犀首這樣的做法。孫德謙指出，這種附傳裏的人物「載在篇中，雖謂之為合傳未嘗不可」，而那些列在傳末的，「尤為附出之顯見者」，如〈衛將軍驃騎列傳〉末的公孫賀、李息等。孫氏認為這是修史中一種很有價值的記錄方式，對那些事蹟不多的優秀人物，史官「不欲掩沒其人，牽連得書，並著附出之傳，俾能獲聞於後世，此史筆之所以可貴乎」，《後漢書》〈郭太傳〉就繼承了這種做法[50]。

---

48 孫德謙：《太史公書義法》〈別目〉，卷下，葉8b-12b。
49 孫德謙：《太史公書義法》〈合傳〉，卷下，葉18a-20a。
50 孫德謙：《太史公書義法》〈附出〉，卷下，葉20b-22a。

　　《史記》體例的優長之處不僅在於本紀、列傳等五種體裁的確立，更在於司馬遷在編纂中靈活運用了多種手法，相互配合，使整部著述結構更加合理與巧妙。孫德謙對章學誠的互著之說十分熟悉，並將之運用到《史記》研究中。在〈互著〉篇他指出，對於一些有多重身分的人，如僅在本傳中敘述則容易忽略該人其他方面的成就，如〈貨殖列傳〉裏特別描述了子貢在貨殖方面的成就，能與〈仲尼弟子列傳〉中的記載各有側重[51]。不過，對於互著的程度要有所控制，兩處所記不能過於重複，對於他處已有詳文的，《史記》常有「語在某篇」、「事在某篇」的表述，孫德謙稱之為「省文」，並指出這種做法的來源可能是《呂氏春秋》[52]。

　　又有一種形式類似互著或省文但實質不同的做法，孫德謙稱之為「從長」，源自「《春秋》之義，善善從長」，也就是為尊者、賢者諱的意思。如〈舜本紀〉裏有堯不能舉八元、不能去四凶而舜行之的記載，而此事不載於〈堯本紀〉，孫氏認為這是為了不破壞堯的形象，這樣能同時做到書法無隱和善善從長，是修史中一種靈活的表述方式[53]。應該說，〈舜本紀〉的例子是司馬遷有意的處理還是由於材料來源的不同，尚不能確定，但是孫德謙揭示出的這種作法對於認識古代史學發展有積極的意義，這一方面可看作古代史學種思想受經學影響的一種典型表現；另一方面，相比直接的修改史料或掩蓋記錄等方式，這種變通處理顯示出史學家在威權之下維護史學求真本質的努力。

　　和「省文」類似但又有不同的是「略書」，這裏的「書」指著作。如〈管晏列傳〉「至其書世多有之，是以不論」；〈孫子吳起列傳〉「孫子《兵法》十三篇、吳起兵法，世多有，故弗論，論其行事」；

---

51 孫德謙：《太史公書義法》〈互著〉，卷下，葉30b-32a。
52 孫德謙：《太史公書義法》〈省文〉，卷下，葉32b-34b。
53 孫德謙：《太史公書義法》〈從長〉，卷上，葉46b-48a。

〈孟子荀卿列傳〉「世多有其書，故不論」；孫氏認為這表明司馬遷作
史其重在人而非其書[54]，但這一現象並非絕對。在〈裁篇〉篇孫氏說
「馬遷作史，言事兼載，故凡前人撰述，莫不裁篇入錄」，如〈老子
韓非列傳〉載〈說難〉、〈李斯列傳〉載〈諫逐客書〉、〈魯仲連鄒陽列
傳〉載〈獄中上梁王書〉等，「傳其人者並傳其言論，匪第事蹟昭
然，而文采亦於是乎不致磨滅也」[55]。孫德謙並沒有清晰指出「略
書」和「裁篇」的區別，因此這兩者存在一定的矛盾。實際上，對著
作取或不取兩種方式都存在，未必有一定之規，因此稱為義法恐怕未
必合適，我們應當注意的是，司馬遷所取的都是能夠反映人物精神的
重要篇章，這可能是取捨背後的共通點。

　　以上幾種靈活的體例也引出了閱讀《史記》要注意的另一個問
題，即「綜觀」。孫氏指出，「遷書雖各自為篇，略於此者詳於彼，本
宜會綜而觀，方於事理無遺也」。如有本紀不詳而見於世家者，如少康
中興之事不見於〈夏本紀〉而見於〈吳太伯世家〉、箕子答武王言〈洪
範〉不見於〈周本紀〉而見於〈宋微子世家〉，還有本紀、世家都不詳
而見於年表的。不僅讀《史記》如此，孫氏指出，「古人著述必綜合
其書而觀之……吾之治諸子也，每綜其書而統觀之」，如此才不至於
斷章取義造成誤解[56]。同時，孫氏在這裏還隱然接觸到歷史編纂學上
的一個重要問題，即多種體例並存的重要性。對於已消逝的歷史，任
何一種敘述限於體例都只能反映一個截面，不僅紀傳體內部如此，紀
傳、編年、紀事本末等體例之間也如此，因此不同的體例對從不同角
度看待歷史有重要作用，這也是史學不斷發展的一個內在動力。

　　編寫史書時，由於時代越近材料相對越多，故史書總是表現出詳

---

54　孫德謙：《太史公書義法》〈略書〉，卷上，葉30b-33a。

55　孫德謙：《太史公書義法》〈裁篇〉，卷下，葉28b-30b。

56　孫德謙：《太史公書義法》〈綜觀〉，卷上，葉58a-62a。

近略遠的特點，孫德謙在〈詳近〉篇說「詳近而略遠，此亦史傳之達例」，但他以為這不僅是出於材料的原因，更有特別的含義。他指出，「聖人之意，近在人倫，不欲高談玄妙也」，借聖人之意強調「修史之法，近在當世」，凸顯出對當世之史的特別重視，並且他還指出重當世之史的原因在於「貴條列其得失也」，當世史事的得失與當前現實的關係是最緊密的，最具有考察的價值與意義。他批評「今之學者好言遠古」的做法，認為這是出於「俗皆愛奇」的心態，而非真正史學家應有的態度[57]。同時孫德謙又指出，司馬遷在記錄人物的時候特別注重「溯先」，即追溯其先世，這不僅見於本紀、世家等大族，普通列傳中也不乏其例。在古代社會身分對於個人的影響是至關重要的，因此作為史學家對淵源譜系亦特別關注，這和「詳近」的內涵是相一致的。尤其在〈太史公自序〉中他追溯了司馬氏的源流[58]，這一做法對後世修史者有深刻影響。

　　總體來說，在史書編纂方面，孫德謙提出了不少有價值的思考，如認為《史記》標題不表示褒貶而是依據當時俗稱的看法，實事求是，受到後來學者的認可，對「別目」「合傳」的區分及對「互著」的考察也有啟發意義，對「從長」的揭示雖然未必恰當，卻可以引出理論上的一些思考。

## （四）文字表達方面及《史記》特有的一些問題

　　史書也有「信達雅」的要求，其中「信」是態度問題，「達」和「雅」則屬於文字表達方面的基本要求，「達」是易懂，「雅」是力求生動優美。在易懂方面，孫氏指出《史記》中有兩種自我解釋的類型，他稱為「釋意」和「申解」。「釋意」多用「故」或「是以」，是

---

57 孫德謙：《太史公書義法》〈詳近〉，卷上，葉21a-23a。
58 孫德謙：《太史公書義法》〈溯先〉，卷上，葉56a-58a。

對篇章命意方面的說明,如〈五帝本紀〉「故著為本紀書首」、〈管蔡世家〉「故附之世家」、〈蘇秦列傳〉「故列其行事」、〈魯仲連鄒陽列傳〉「是以附之列傳焉」等。孫氏特別指出,司馬遷行文中的「故」「是以」等對於理解《史記》的篇章設置、人物分合等問題有很大的價值,不可輕易忽視[59]。「申解」多用「者也」,是對文句方面的解釋,如〈堯本紀〉「文祖者,堯大祖也」,〈屈原列傳〉「離騷者,猶離憂也」等。孫氏是提倡史書中有自注的,他指出司馬遷這種「就文申解」的做法正是後來史書自注的雛形,對於讀者更好地理解文義有很大幫助[60]。

在〈善敘〉篇孫德謙指出,司馬遷在敘事上有以下特點,一是「善敘事理」,條理井然;二是敘事中夾有議論;三是「敘事之善於摹寫」;四是「敘事之由後溯前」;五是「敘事之先虛後實」。《史記》文字的生動優美是歷來人所共知和推崇的,孫德謙沒有單獨論述這一點,而是把重點放在了史與文的關係上,他說「為史官者誠不可不工文,而尤貴有學」,若「第求之辭翰,不復有別識心裁」,有文無學,失去了見識,則絕非孫氏心中可傳諸後世的有價值的著作[61]。在〈雜誌〉篇孫氏也表述了同樣的觀點,「古之為史者無有不工於文,而能文之士未必能為史」,可見善敘事只是修史的必要條件而非最重要的條件[62]。

孫德謙在《史記》文字表達方面的分析不如前幾方面詳盡;相比之下,他對《史記》特有的一些問題的分析很值得重視,例如《史記》的命名、成書時間及性質等。

---

59 孫德謙:《太史公書義法》〈釋意〉,卷上,葉27b-30b。
60 孫德謙:《太史公書義法》〈申解〉,卷下,葉34b-37a。
61 孫德謙:《太史公書義法》〈善敘〉,卷上,葉48b-51b。
62 孫德謙:《太史公書義法》〈雜誌〉,卷下,葉65a。

　　《史記》在《漢書》〈藝文志〉中記作「《太史公》百三十篇」[63]，對於何以稱「公」的問題，歷來聚訟紛紜，孫氏在〈稱公〉篇首先列舉的前人對此的解釋：如張守節《正義》認為「書之稱公，遷乃尊父並以自顯耳」；《索隱》認為是東方朔所加之名；錢大昕認為書成一家言，當云《太史公春秋》，而謙虛不敢稱「春秋」，故云《太史公書》，以官名之，承父志也。對於這些說法，孫德謙都不同意，他認為司馬遷不願其書與諸子同列，故稱公「意欲高過諸子也」。這裏孫氏附帶討論了司馬氏父子的官名是「太史令」還是「太史公」的問題，他的結論是，「其官為太史令，或以位在丞相之上，並因尊天之道，故亦可稱為太史公。在遷與父談居官時則有公之名，遷卒而定名為令，自是而不復稱公矣」[64]。

　　關於司馬遷作史的時間，孫氏在〈考年〉篇認為「自太初元年至太始二年，終始凡十年而其書則成之」。司馬遷作史始於太初元年，明見〈太史公自序〉[65]，這一時間自來都無異說。至於成書時間，孫氏的依據是《漢書》〈司馬遷傳〉「至於麟止」下的服虔注，服注稱「武帝得白麟而鑄金作麟足形，作《史記》止於此也」，孫氏稱根據服注，則此處麟止即麟趾，而「鑄金作麟足」指太始二年獲麟事，因當時詔書有「更黃金為麟趾」語，而非指元狩元年獲麟事，故此孫氏將成書時間定在太始二年[66]。但是「卒述陶唐以來，至於麟止」是司馬遷自述其書所載內容的起止，而非寫作時間的起止，孫氏顯然混淆了這兩個時間，同時，把麟止解為太始二年獲麟也不同於大多數學者對此的理解。

---

63 〔漢〕班固：《漢書》〈藝文志〉（北京：中華書局，1962年），卷30，頁1714。

64 孫德謙：《太史公書義法》〈稱公〉，卷下，葉53a-55b。

65 〈太史公自序〉言：「五年而當太初元年……於是論次其文。」見〔漢〕司馬遷：《史記》，卷130，頁3296-3300。

66 孫德謙：《太史公書義法》〈考年〉，卷下，葉55b-59b。

　　關於《史記》的性質是國史還是私史，孫氏堅定地認為當為國史。在〈纂職〉篇他指出，首先，「未有居史官之職而其書乃可名之為私史者」，司馬遷父子均為史官，所著之書自然屬於國史；其次，書中多次自稱「臣遷」，也可證其書為奏進的性質；第三，班彪等對《史記》作的續補是屬於國史的，「後傳既為國史，而史公所作其為國史也益可信」。對於一些反面意見，如有人認為遭李陵之禍後司馬遷已改任中書令，不居史職，孫氏稱〈報任安書〉開篇自稱太史公牛馬走，可見徵和時「必以中書而猶兼史職也」。對於班固所言司馬遷「私作本紀」，孫氏稱班固所謂「私」並非指私史，而是出於二者修史體例上的不同。孫氏認為在班固看來，以漢朝斷代為史是當王為貴，而以通古體修史，將漢家帝王「編於百王之末，廁於秦項之列」是出於司馬遷一己之私，因此班固特別稱司馬遷「私作本紀」，而不及列傳等[67]。孫氏這裏的立論和反駁都是比較牽強的，《史記》的私修性質已是學者們的共識。

　　此外還有一些小的問題，孫氏放在〈雜誌〉篇一併討論，包括「關天數」、「辨兵謀」、「引成說」、「編次之亂難考」、「竄加之跡易知」、「書經刪補」、「書早流傳」、「書有單行之篇」、「書有續入之辭」、「史文之難讀」、「史文之宜法」共十一個小題目。在「關天數」中孫氏說「言紀傳之為數皆合於天也，余未敢信其為然」，反對《史記正義》中將本紀等五體的篇數都和十二月等天象之數配合起來的做法，反映出孫氏在這一問題上事實求實的態度。其餘所論大都無關宏綱，屬於「為遷之學者，要亦不可不知」的《史記》研究小專題[68]，此不贅述。

---

67 孫德謙：《太史公書義法》〈纂職〉，卷下，葉49a-53a。

68 孫德謙：《太史公書義法》〈雜誌〉，卷下，葉59b-66b。

## 三　《義法》之得失及其在學術史上的意義

　　孫德謙在《太史公書義法》〈自序〉中借答客問的形式說：「使後世推為功臣，以比師古之於班氏，豈非快事！」自許為司馬遷之功臣，可見對該書是頗為自負的。《義法》一書確有許多值得稱道之處。首先，孫氏如實揭示出《史記》重儒的方面，反駁了班固等對《史記》的不當評價，有助於從宏觀上把握《史記》的主旨。其次，總結了《史記》在史料收集和剪裁上的多種方法，歸納了體例方面的成就，對《史記》成書等文獻學方面研究很有啟發。第三，通過「綜觀」、「互著」、「略書」等特點的分析，揭示出司馬遷寓義於例的史書編纂方式，使讀者對《史記》的理解更加全面與深入。第四，對一些《史記》中的疑難問題提出了自己的看法，尤其是對《史記》列傳借命名以示褒貶之說和對將本紀、列傳等各體的數目和天象之數相配之說的反駁，顯示出孫德謙對《史記》雖然尊崇但卻不迷信、不神話，以實事求是的態度研究之，故能得出客觀可靠的結論。並且，孫氏所提出的很多看法，如直言、識大、知變等方面，不僅適用於《史記》，對整體修史工作也有理論上的價值。

　　當然，孫氏的研究也存在一些不足。首先，孫氏揭示出《史記》重儒的一面，這是正確的，但這是出於司馬遷對孔子這位文化偉人的尊崇，與後世異化了的尊孔是有區別的，而孫德謙強烈的尊孔立場，導致他論證司馬遷尊孔有時求之過深，如表彰隱逸賢人是史家應有的態度，未必就要牽合到尊孔上去。其次，個別觀點不免牽強。如前引孫氏堅持《史記》為國史的觀點，又如〈正易〉篇為了解決司馬遷「正《易傳》」一語與尊孔的矛盾，認為「《易》學出於庖犧，史學出於黃帝」，「史與《易》既各有所宗，斯其正之之義也」，孫氏對此解頗為自許，曾在致書曹元弼時特別提出，然同為舊派學者的曹元弼亦

不同意此說[69]。第三，篇目條理不當。孫氏未能列出綱的層次將各義法進行相應劃分，這尚情有可原，但各義法之間的排列也不盡合理，如按下表略為歸納和排列，更利於考察[70]。

| 史學觀點方面 | 衷聖（01）、尊儒（02）、宗經（03）、彰賢（19）、崇學（23）、正易（04）、原史（07）、辨謗（26）、直言（18）、識大（15）、知變（17）、行權（16） |
|---|---|
| 史料採擇方面 | 擇雅（05）、整世（06）、紀聞（35）、徵見（36）、博采（43）、搜佚（22）、據左（37）、存舊（08）、載疑（10）、訂誤（11）、錄異（44）、比事（42） |
| 史書編纂方面 | 通古（27）、創體（28）、標題（29）、別目（30）、合傳（33）、附傳（34）、撰序（31）、設論（32）、互著（39）、省文（40）、略書（13）、刪要（14）、裁篇（38）、綜觀（25）、從長（20）、溯先（24）、詳近（09）、述生（45） |
| 文字表達方面 | 申解（41）、釋意（12）、善敘（21） |
| 《史記》特有問題 | 稱公（47）、考年（48）、纂職（46）、雜誌（49） |

---

69 曹元弼回信表示：「曰正《易傳》者，當時《易》家多陰陽、占候、災異之說，皆謂之《易傳》，厥後《京氏易傳》正其類。《史記》貫徹天人，所據《易傳》皆孔子《十翼》⋯⋯其義光明正大，如日月之中天，非機祥家所得而混淆，《史記》稱《易》之例明而《易傳》正矣。」將「正《易傳》」解為去除陰陽雜說，但孫德謙堅持己見，復致書辯稱「其時陰陽災異猶獨未行於世，必謂史公之正《易傳》在彼諸家，殆不然與。」此後不知曹氏有無回應。此外，信中還顯示二人在《史記》是否為未成之書的問題上也有不同看法，往來書劄見許超傑、王圉圉：〈孫德謙致曹元弼書劄七通考釋〉，《文獻》2017年第2期，頁115-128。

70 括弧內數字是各義法在書中的排序，有的義法所涉及不止一個方面，但這種情況是比較少的，因而表中沒有互著的情況。另外，四十九條義法的數目本就不是出於研究所得，而是為了符合所謂大易之數，故其設立本就有不當之處。

　　從學術史的角度看，對孫德謙和《義法》的考察有助於加深對民國學術界複雜面向的瞭解。從前的一種情況是，「近代學人所寫的學術史，很少將老輩放入視野之內」[71]，這可能導致對民國學界的實際情況的有所簡化。實際上，過渡時期的所謂新舊各群體之間是複雜多樣的。民國老輩群體既不應當被忽視，也要注意其並非沒有區別的整體。如前文指出，與孫德謙同為遺老的曹元弼對孫氏《義法》書中頗為自許一些觀點就表示了不同意見。又如孫德謙與王國維在上海時往來甚密[72]，王國維曾作〈百字令・戊午題孫隘庵南窗寄傲圖〉，「借孫德謙之圖來言說他與孫德謙共同的遺民情懷」[73]。然而對孫氏的學術，王國維的評價則比較微妙，一方面他曾為孫德謙《漢書藝文志舉例》作後序，稱讚「益庵之書精矣、密矣！其示後人以史法者備矣」[74]；但另一方面卻在致羅振玉的信中說「昨為孫益庵作所撰《漢書藝文志舉例》序，其書毛舉細故，殊無心得」[75]，表達了內心真實的看法[76]。同樣，孫氏《太史公書義法》中對據出土材料以考古史這一做法的批評，

---

71　桑兵：〈民國學界的老輩〉，《歷史研究》2005年第6期，頁3-24。

72　王國維自言：「丙辰春，余自日本歸上海，卜居松江之涘，閉戶讀書，自病孤陋，所從論學者，除一二老輩外，同輩惟舊友錢唐張君孟劬，又從孟劬交元和孫君益庵。二君所居距余居半里而近，故時相過從。」見王國維：〈漢書藝文志舉例後序〉，《王國維全集》卷15，頁164。當時沈增植曾有詩稱「三客一時雋吳會，百家九部共然疑」，見〔清〕張爾田：〈孫隘堪所著書序〉，《太史公書義法》，張序，葉3b。

73　彭玉平：〈北窗無此閒逸——〈南窗寄傲圖〉與王國維、孫德謙之素心〉，《文史知識》2017年第12期，頁40-47。

74　王國維：〈漢書藝文志舉例後序〉，《王國維全集》，卷15，頁164。

75　王國維一九一七年九月十八日致羅振玉書，《王國維全集》，卷15，頁338。

76　與此類似的是，王氏一九一六年九月廿五日致羅振玉書中稱張爾田《史微》「中多無根之談」，見《王國維全集》，卷15，頁205。又，胡適對《史微》亦評價不高，而對孫氏的《諸子通考》則略為許可，一九二一年八月十二日胡適在日記中寫道：「《諸子通考》……究竟可算是近年一部有見地的書……見解遠勝於張爾田的《史微》。」見胡適著，曹伯言整理：《胡適日記全編》（合肥：安徽教育出版社，2001年），卷3，頁429。

恐怕也難以不令人聯想到王國維身上[77]。這些具體情況顯示出民國學術界的複雜與多樣，學者們的立場固然對學術有重要影響，但非唯一因素，具體比較諸人學術觀點的異同分合之時，關涉複雜，不能簡單地因立場而劃分疆域。

　　《義法》的重要意義還在於，其所體現的重視義例的治學方法在當前的學術研究中也有獨特的價值。正如桑兵先生所說，民國時期老輩學者「他們的理解舊籍之道，不失為回到歷史現場去認識中國歷史文化的重要門徑」[78]。孫德謙就是其中一個典型代表，他理解舊籍之道以重視義例為顯著特點，這一特點在民國時就受到重視。一九二〇年代，日本京都學派計畫在中國設立中國文化研究所，曾按照學科分類開列了各方面擬聘學者的名單，其中目錄學一科擬聘者為傅增湘、張爾田和孫德謙[79]，這顯示出對孫氏學術的一種肯定。不僅如此，孫氏之學還受到海外漢學家的推重，為民國時期中西學術交流作出了貢獻。一九二八年，經由張君勱介紹，德國博士顏復禮（Fritz Jäger, 1886-1957）拜孫德謙為師學習目錄之學[80]，後來顏復禮曾將孫氏的《劉向校讎學纂微》翻譯並傳往海外[81]。一九三〇年「德國漢堡大學匯巨金購《太史公書義法》以去，謂將又該校中文部譯成德文，以授學子」[82]，可見孫氏重義例的治學特點凸顯出中國傳統史學獨特的價

---

77　與此類似的是，張爾田曾在致王國維信中遺憾地表示：「近閱雜報，兄竟為人奉為考古學大師矣。」轉引自王汎森：《執拗的低音：一些歷史思考方式的反思》（北京：生活・讀書・新知三聯書店，2014年），頁157。顯然對王氏金石考古的學術路徑並不認同。

78　桑兵：〈民國學界的老輩〉，頁3-24。

79　桑兵：〈民國學界的老輩〉，頁3-24。

80　吳丕績著，王珏琤整理：〈孫隘堪年譜初稿〉，民國十七年（1928）條。

81　因為顏復禮的中文名與曹元弼的號（復禮老人）恰好相同，故孫德謙在致曹元弼書中曾特別提及這位外國學者，書劄見許超傑、王園園：〈孫德謙致曹元弼書劄七通考釋〉，頁115-128。

82　吳丕績著，王珏琤整理：〈孫隘堪年譜初稿〉，民國十九年（1930）條。

值，受到海外學者的重視。這一來自他者的眼光提示我們對於傳統學術仍有重新認識和闡發的必要。向燕南先生指出：「中國史學本中國文化所自出，從史學的觀念、史學的思維方式，到史學的方法和表述形式，皆表現出既不同於西方古典史學，也不同於學科體系下的西方現代史學。因此，如果以近代西方『科學』史學觀來觀照中國史學必然鑿枘。」[83]近代以來包括史學在內的中國學術受到西方範式的很大衝擊，但西方的史觀可以作為一種參考，而並非唯一的標準或模式，為了避免過於受西方影響而產生的鑿枘現象，就有必要回顧和發掘中國史學特有的觀念與方式等內容，經過比較的研究，對傳統的資源進行創新性繼承與發展，這正是孫德謙重義例的治學方法對當前研究的重要價值所在。

　　——原分兩篇，分別載《渭南師範學院學報》二○二一年第一期、
　　　　　《咸陽師範學院學報》二○二一年第三期，有修改

---

83 向燕南：〈關於柳詒徵《國史要義》〉，《史學史研究》2011年第4期，頁66-74。

# 試論陳垣先生的經學觀

　　陳垣先生（1880-1971），字援庵，是我國著名的歷史學家、教育家和愛國者。作為歷史學家，他的學術成果主要集中在宗教史、元史和歷史文獻學等領域。在民國時期的史學界，相比陳寅恪、胡適、傅斯年等學者，援庵先生屬於較為傳統的一派，治學路徑最接近乾嘉考證之學。對於經學，援庵先生並無著作，亦鮮有論述。但經學和傳統史學尤其是乾嘉學風關係密切，從援庵先生的一些著作與資料中也可得見他對經學的看法及所受到的影響。

　　二〇〇九年出版的《陳垣全集》[1]中涉及經學內容的有《日知錄校注》、《鮚埼亭集批注》和《困學碎金批注》等，《日知錄》及《鮚埼亭集》原有經學的部分，故批注亦涉及之，《困學碎金》是援庵先生從《困學記聞》中輯錄精語八十條，其中三十條加以批注，也有涉及經學的部分。又《日知錄》、《鮚埼亭集》以及《廿二史劄記》是援庵先生開設的「史源學實習」課程的教材。這門課程是援庵先生結合自己的研究經驗而創設的，二十世紀三、四十年代曾在北平師範大學、輔仁大學和北京大學講授該課程。其中一九四七年九月至一九四八年六月在輔仁大學講授時即以《日知錄》為教材，同年十月至一九四九年六月在輔仁大學仍以《日知錄》為教材講授，唯課程名稱改作「清代史學考證法」。當時就讀於輔仁的李瑚先生記錄了這兩學年課程的課堂筆記，並一直保存下來，二〇一三年由援庵先生的文孫陳智

---

1　陳垣著，陳智超主編：《陳垣全集》，合肥：安徽大學出版社，2009年。

超先生整理，配以相關資料，以《史源學實習與清代史學考證法》為
名出版[2]。這份《筆記》記錄了援庵先生在課堂上對《日知錄》相關條
目的講解評論，其中即包括《日知錄》卷一論《周易》的部分。綜合
這些文獻及援庵先生生平行實資料，或可一窺援庵先生的經學態度。

## 一　雖講經，實亦講史

　　一九四七年九月至一九四八年六月援庵先生在輔仁大學講授「史
源學實習」課程，教材是《日知錄》卷八至卷十九。授課所用的《日
知錄》為通行的三十二卷本[3]，其本前七卷為上篇，講經術；卷八至卷
十七為中篇，講治道；卷十八以下為下篇，講博聞。《筆記》在這學
期開篇時記錄了援庵先生自言從第八卷講起的原因是「上篇關於經術
（原注：上古史），不敢講。經史不分。我於經書疏忽，以待高明。
自第八卷講起。」[4]因此這學期課程即從卷八第一條「州縣賦稅」講
起，直到卷十九完，內容包括政事、世風、制度、藝文等，可見重心
在史學方面。然而一九四八年十月至一九四九年六月，這門課仍以
《日知錄》為教材，名稱卻改作「清代史學考證法」[5]，並且沒有接
著上學年的次序從第二十卷開始講，而是回頭從卷一講起。講完卷一

---

2　陳垣著，陳智超編：《史源學實習與清代史學考證法》，北京：商務印書館，2014年。

3　援庵先生指出《日知錄》「亭林生前自刻八卷本，……內容與今本不同。」講課時
　　因今本通行易得，故用今本，而「他日有好事者引之，則須用原本卷數」。見氏
　　著：《史源學實習與清代史學考證法》，頁103-105。

4　陳垣著，陳智超編：《史源學實習與清代史學考證法》，頁10。

5　這並不是援庵先生首次使用「清代史學考證法」的名稱，據他的教學日記顯示，民
　　國廿六年（1937）他已使用這一名稱並以《日知錄》為教材了，當年是從卷十八講
　　起。見陳智超編注：《陳垣史源學雜文（增訂本）》（北京：生活・讀書・新知三聯
　　書店，2007年），頁122。

後空了約三個月，復從第二十卷開始講，至學期末講至第二十三卷。

在一九四八年十月新學年開始時，來上這門課程的學生可能大都是已經聽過上學年課程的，例如《筆記》的作者李瑚先生。面對這些老學生們，援庵先生在課堂上解釋了本學年改從《日知錄》卷一開始講起的原因。《筆記》記載援庵先生說：

> 《日知錄》卷一至卷七講經義。《漢書》〈藝文志〉本劉歆《七略》，無史，只有《春秋》，史甚後，《漢書》並未獨立。等於哲學早有，但無系統之學；經濟依然，只有經濟之事而無經濟之學，因此經即是史。章實齋「六經皆史」之言並不新鮮，實則經之所載皆史也。上古史不從經入手者，尚何求乎？稱之為經者，經常不變，尊之也。故雖講經，實亦講史。[6]

這段話雖不長，卻透露出多層含義：一是點明經與史的關係，二是順帶評論了當時很受學界關注的章學誠，三是強調經在當代對史學研究的重要性，四是順著其重要性而回溯了稱其為經的原因，最後落腳點仍回到課堂內容，說明本年課程雖是講經，實際同上年一樣也是講史。

在經史關係的問題上，援庵先生以目錄學為切入，從發展歷程的角度指出在早期史是附於經部的，後來才漸至獨立。因此經與史是同源的，「經即是史」，所以本學年「雖講經，實亦講史」[7]，這是援庵

---

6 陳垣著，陳智超編：《史源學實習與清代史學考證法》，頁103。

7 從這裏也可看出援庵先生講本學年課程名稱改回「清代史學考證法」的原因。援庵先生素來重視文章題目，對課程名稱也不例外，必求名實相副。上年講治道部分，所用《日知錄》材料皆史料，對此史料來源的考察即稱「史源學實習」，而本學年所講為經術（前半學期），一九三七年所講為博聞，所用《日知錄》材料大多並非史料，雖然方法上也是對其文獻來源的考察，然稱「史源學實習」似不恰當，因此

先生對該學年轉從經義講起的解釋說明，也是援庵先生對於經史關係看法的體現。順著這個觀點，援庵先生對章學誠的「六經皆史」說作了評論，認為此說「並不新鮮」。

經學與史學的關係是晚清以降備受學者關注的一個話題，這背後隱含著民初時期複雜的學術圖景，既包括「折中於六經」的傳統觀念，也有面對西方科學（分科之學）風潮下「道術為天下裂」的憂慮，以及經由留學生引介而來的蘭克學派所提倡的史學職業化的思想，等等。但更多、更直接的關注則來自章學誠被「重新發現」以後，其「六經皆史」說所引發的討論。一九二〇年內藤湖南發表章學誠年譜，隨後胡適受其刺激，為章重作年譜，並大力推揚章學誠及其學術。自此以降，章學誠即成為國內外學界熱點，尤其是「六經皆史」說引發了數量龐大、角度多元的解讀與討論，至今依然未衰。援庵先生與胡適雖然私交甚佳，在學術上也多有討論，且推其為學問上的諍友[8]，但對於胡適大力推揚的章學誠卻評價頗低。據牟潤孫回憶，援庵先生稱章為「鄉曲之士」，認為章是「讀書少的人好發議論」[9]。援庵先生何以如

---

稱為「清代史學考證法」，即學習清人的考證方法，「因其所考證者而考證之」，可以「糾正其論據之偶誤，增加本人讀書之經驗」。可見二者方法一致，因對象不同而名稱略有不同。因而，援庵先生創設的「史源學」實有廣狹二義。狹義的「史源學」即對史料來源的考察，而廣義的「史源學」則可擴充至對一切文獻記載的來源的考察。

8 援庵先生一九四〇年一月七日在致長子陳樂素的信中說：「文成必須有不客氣之諍友指摘之，惜胡、陳、倫諸先生均離平，吾文遂無可請教之人矣。非無人也，無不客氣之人也。」見陳智超編注：《陳垣來往書信集（增訂本）》（北京：生活・讀書・新知三聯書店，2010年），頁1109。除了書信往還與學術討論，胡適還曾為援庵先生《元典章校補釋例》作序，另外，二人對當時漢學中心不在北平而在域外的現狀也同樣極為慨歎。

9 牟潤孫在文章中回憶：「五四以後，梁任公、胡適都大捧章實齋，我曾問過先師『章實齋學問如何？』先生笑著說『鄉曲之士！』我當初不明白為什麼說他是鄉下人？後來看到章氏著《史籍考》，自稱仿效朱彝尊著的《經義考》，卻不知朱氏之書

此輕視章學誠？原因在於二人治學路數大相徑庭。援庵先生精於文獻目錄之學，故治史時能對材料「竭澤而漁」，即以《元西域人華化考》為例，許冠三指出，「全書七萬餘字，共用材料二百二十種，以金石錄和詩文集為主體，所引元、明人詩文集約百種，在一般史家常用的正史、方志、雜記、隨筆外，連畫旨、畫譜、書法、進士錄等，亦搜羅無遺。如此的繁富而多樣，僅有晚年的陳寅恪和顧頡剛差堪匹敵。」[10]可見援庵先生讀書之廣博。牟潤孫回憶稱「先師治學謹嚴而不好發議論，治學教人均篤守規矩，著述則必自有義例而成系統。稱之為民國以來史學開山大師，當不為過譽。」[11]柴德賡先生也曾說：「章實齋主義多，所作者無多，史學中之議論派，少實在東西。陳校長常云，史學不可自章學誠入手。」[12]可見援庵先生在讀書多之外，另一特點即不好發議論，而章學誠與此恰恰相反。余嘉錫曾說章的著作「徵文考獻，輒多謬誤」，稱他是「讀書未博」[13]，而其標榜的「六

是仿自僧祐的《出三藏記集》。所見不廣，豈不是鄉下人？先師時常說『讀書少的人，好發議論。』我讀了錢鍾書的《談藝錄》，才知道六經皆史之說除袁枚持論與章氏相類似之外，認為經即是史的，早於章實齋者，有七個人之多。在錢鍾書所舉之外，我更找到明人何良俊《四友齋叢說》，其中也有『史之與經，上古原無所分』的話。先師說讀書少的人好發議論，其意或指章實齋。先師治學謹嚴而不好發議論，治學教人均篤守規矩，著述則必自有義例而成系統。稱之為民國以來史學開山大師，當不為過譽。」見牟潤孫：〈勵耘書屋問學回憶——陳援庵先生誕生百年紀念感言〉，收於陳智超編：《勵耘書屋問學記——史學家陳垣的治學》（北京：生活・讀書・新知三聯書店，1982年），頁89-90。

10 許冠三：《新史學九十年》（長沙：嶽麓書社，2003年），頁128。

11 牟潤孫：〈勵耘書屋問學回憶——陳援庵先生誕生百年紀念感言〉，收於陳智超編：《勵耘書屋問學記——史學家陳垣的治學》，頁90。

12 柴德賡：《清代學術史講義》（北京：商務印書館，2013年），頁127。

13 余嘉錫：《余嘉錫文史論集》（長沙：嶽麓書社，1997年），頁578-579。這與援庵先生對章實齋的評價很接近，而余嘉錫一生致力《四庫提要》，與援庵先生路數最為接近，援庵先生也很讚賞他的學問，聘其為輔仁大學國文系主任，並為《余嘉錫論學雜著》作序，這篇序文很可見二人治學路徑的特點。

經皆史」說也被人找出了前人類似的說法[14]，這正是「讀書未博」而導致的失誤（這一點章本人未必認同，因為他認為自己的說法與前人內涵不同）。他自稱「高明有餘，沉潛不足，故於訓詁考質，多所忽略，而神解精識，乃能窺及前人所未到處」[15]，雖然將高明與沉潛並列，實則對沉潛考據頗為輕視，而主張義理。「前人所未到處」正是他發揮自己獨到議論的地方。他之所以受到胡適等人的推揚，正是因為他這些「高明」議論按民國時期的一些史學新觀念來看，很有思辨的色彩，在史學理論方面有一定價值。這體現了「新史學」革命以來重理論、重方法的民國史學新趨勢。當然民國時的史學界通史派、方法派、史觀派、史料派，輪番登場，誰也未能一統，史學工作固然不能止於考證，但求真考證畢竟是其根基。因此援庵先生以其考證成果的精深縝密自立於民國史學界，無論風雲變幻，總能受到新舊各派的尊崇（當然援庵先生並非止於考證者），這種取向和章學誠這樣的議論之士是大不相同的。因此援庵先生自己是讀書多而不好發議論，以此映照，則他看章學誠當然是個讀書少而好發議論的典型代表，宜乎其受到援庵先生的輕視[16]。

援庵先生雖然批評章學誠，但認同於「六經皆史」的說法。據《筆記》記載，援庵先生在一九四七年九月開課時就曾說「經史不分」，並且在經術後自注「上古史」，這與次年開課時所說「經即是史」含義相同，和「上古史不從經入手者，尚何求乎」也相呼應，顯示了援庵先生對於經史關係的一貫看法。至於何以上年即因「於經書

---

14 可參考前引牟潤孫的論述及錢鍾書的《談藝錄》，後來學者更有許多擴充。

15 〔清〕章學誠：〈家書三〉，見章學誠著，倉修良編注：《文史通義新編新注》（杭州：浙江古籍出版社，2005年），頁819。

16 有學者認為陳垣以「鄉曲之士」評價章學誠，「實有譏刺力捧章、鄭的胡、顧之意」，其中鄭指鄭樵，顧指顧頡剛。見桑兵：《晚清民國的國學研究》（上海：上海古籍出版社，2001年），頁48。

疏忽，以待高明」而不講，本年即改弦易轍而親自上陣了，當從經學
的重要性方面作理解。所謂「上古史不從經入手者，尚何求乎？」不
僅說明了經史的關係，更點出經學對當前古史研究的重要作用。經學
不僅對史學研究極為重要，對其他研究領域也是如此，他說「講史
學、講文學，未讀經，豈可成乎？」[17]不僅對專業研究者極為重要，
對研究生培養也是如此，他說「經學若根本未翻過，何能稱為二年、
三年級研究生？」[18]這是援庵先生對經學在當前學術研究中的重要性
的看法，也是他對於培養學生的理想與要求。因此他將《日知錄》經
術部分也作為教材講授。但「雖講經，實亦講史」，落腳點仍在史學
研究與方法，而與一般讀經大有不同。他對經學的重視是為了史學研
究，即以史學的角度將經的內容看作研究的材料。這種以史觀經的態
度是他認同「六經皆史」並認為此說「並不新鮮」的重要原因——雖
然這未必與章學誠的原意相符。

## 二 用於有用之途

從《日知錄校注》、《鮚埼亭集批注》和《困學碎金批注》等批注
中涉及經學的內容來看，援庵先生批注所重多在引文的出處與起止，
著眼在史源之探查，並以觀前人考證之法。而《筆記》中記載的援庵
先生講授《日知錄》易學部分的言論則更具特色，援庵先生說：

> 古人藉當時的凡俗，不管其是否有益或有害，是好是壞，而用
> 之於正途。譬如定十二月二十五日以不正當之娛樂日作為正當
> 之娛樂日。借迷信之事用於有用之途。自王弼、朱熹講理而不

---

17 陳垣著，陳智超編：《史源學實習與清代史學考證法》，頁103。
18 陳垣著，陳智超編：《史源學實習與清代史學考證法》，頁103。

講數,《程子易傳》皆講人事。孔子云「五十以學《易》,可以
無大過矣」,以為修身改過之用。[19]

這段話可以認為是援庵先生對《周易》的整體看法,可以看出,援庵
先生承認《周易》起初的卜筮功能,但認為至少自孔子以來,就已經
將原本的迷信之事導之於有用之途,即藉以修身改過。對於歷代易學
的象數、義理兩大派,援庵先生也是傾向於義理人事的,認為這才符
合修身改過之教。在一些具體的易學問題上,援庵先生也作如是解,
如〈豫〉卦「成有渝无咎」條,在找出《左傳》〈昭公十二年〉、《尚
書》〈多方〉等引文出處後,援庵先生評論道:「雖然甚荒唐之人,規
規矩矩亦可改好。現象雖然如此,盼望他有變動。」[20]按顧炎武在此
條下說「聖人慮人之有過不能改之於初,且將遂其非而不反也,教之
以『成有渝无咎』,雖其漸染之深,放肆之久,而惕然自省,猶可以
不至於敗亡。」[21]援庵先生順著顧炎武的意思,認為爻辭是勸人改過
而能得无咎之意,正本於「修身改過」之教。

「借迷信之事用於有用之途」,這有用之途不僅包括個人修身方
面,還有關於社會實際的致用方面。從《筆記》的易學部分可以看
出,援庵先生講經重視聯繫社會實際。如論卦變時援庵先生說「卦變
猶之今日美國杜威之失敗,其用處可以警醒一人或安慰一人。逢好事
而警醒,逢不好事而能得自慰。所謂塞翁失馬,安知非福。」[22]後半
句仍是安患待時、修德免禍的意思,而前半句則聯繫了授課當時的國

---

19 陳垣著,陳智超編:《史源學實習與清代史學考證法》,頁110。
20 陳垣著,陳智超編:《史源學實習與清代史學考證法》,頁113。
21 陳垣:《日知錄校注》,《陳垣全集》(合肥:安徽大學出版社,2009年),第14冊,
　　頁17-18。
22 陳垣著,陳智超編:《史源學實習與清代史學考證法》,頁111。

際時事。一九四八年十一月美國大選，當時輿論普遍認為共和黨候選人托馬斯・杜威將獲得勝利（蔣介石大力支持杜威，在北平還有人組織支持杜威的遊行鬧劇，因而此事頗受北平知識界關注），不料杜威最終意外敗北，民主黨的杜魯門成功連任。這正如《易》學之有卦變，常在看似確定處變起不測。又如〈師〉卦「師出以律」條，援庵先生以政府做比喻，稱「只以好人為內閣總理不成，須有能力者。」[23]這個能力，可能指行政能力，更可能指軍事實力。民國十一年，胡適、王寵惠等人提倡由知識份子中的「好人」組成「好人政府」的主張，隨後王寵惠組閣，湯爾和、羅文幹等出任部長，儼然是個「好人政府」了，然而曇花一現，不到三個月就即被迫倒臺，究其原因還是不得不聽命於曹錕、吳佩孚等軍閥的意願。又如〈履〉卦「武人為於大君」條，援庵先生說「不是軍人為大總統」[24]，笑談中透露出對民國時期軍閥勢力的不滿。〈泰〉卦「自邑告命」條，言「先自政府做好，然後天下皆能望風而治」[25]，大約是對理想政府的願望了。〈姤〉卦言「對社會之亂不可有悲觀之心」[26]，按〈姤〉以初陰而承五陽，是「盛治之極而亂萌焉」，但一治一亂，〈姤〉而必〈復〉，是以雖亂而「不可有悲觀之心」。〈晉〉卦「罔孚裕无咎」條，言「『罔孚』，未信，『裕』，等待。未信則要等待，國事家事均如是」[27]，對社會既不悲觀，則需耐心等待。〈漸〉卦「鴻漸於陸」條，顧炎武云「古之高士，不臣天子，不友諸侯，而未嘗不踐其土、食其毛也。」[28]援庵先生在這條下先引了淪陷時候偽教育總署督辦黎士衡曾說「不仕日本，

---

23 陳垣著，陳智超編：《史源學實習與清代史學考證法》，頁112。

24 陳垣著，陳智超編：《史源學實習與清代史學考證法》，頁112。

25 陳垣著，陳智超編：《史源學實習與清代史學考證法》，頁112。

26 陳垣著，陳智超編：《史源學實習與清代史學考證法》，頁115。

27 陳垣著，陳智超編：《史源學實習與清代史學考證法》，頁115。

28 陳垣：《日知錄校注》，《陳垣全集》，第14冊，頁33。

則離北平」的言論，然後義正言辭地駁斥黎說：「恢復之望，一日未
絕，所食者吾之毛，所踐者吾之土，亦何愧乎！」[29]援庵先生發揮顧
氏之言，表達了抗戰時期雖身處北平但堅定不移的愛國精神。

## 三　見諸日用之間

　　援庵先生是著名的愛國者，抗戰時期身處北平，不僅堅持氣節，
更「提倡有意義之史學」[30]，用著述以體現愛國思想，被譽為淪陷區
的愛國堡壘。關於援庵先生的愛國思想與史學著述，已有許多學者的
研究。除了著作，援庵先生還在許多場合借用經學表達愛國之情。一
九三七年他為輔仁大學畢業同學錄題詞，寫的是《論語》〈季氏〉中
「益者三友，損者三友」一段[31]，尚屬於普通勉勵，愛國之情還不突
出，後來題詞的感情色彩就更明顯了。一九四〇年六月他為輔仁大學
畢業生年刊題詞，寫的是：「子張問行，子曰：『言忠信，行篤敬，雖
蠻貊之邦，行矣。言不忠信，行不篤敬，雖州里行乎哉！』今諸君畢
業將行，謹書此以為贈。」[32]「子張問行」一段出自《論語》〈衛靈
公〉。次年六月他給年刊題的詞是：「品行第一：人之生也直，罔之生
也幸而免。身體第二：父母惟其疾之憂。學問第三：不患無位，患所
以立。近來同學頗知向學，是佳現象，但每輕重倒置，故以此告
之。」[33]「第一」、「第二」、「第三」之後的自注分別出自《論語》的
〈雍也〉、〈為政〉、〈里仁〉。一九四二年五月他在《輔仁生活》發表

---

29 陳垣著，陳智超編：《史源學實習與清代史學考證法》，頁117-118。

30 陳智超編注：《陳垣來往書信集（增訂本）》，頁326。

31 劉乃和、周少川等：《陳垣年譜配圖長編》（瀋陽：遼海出版社，2000年），頁425。

32 劉乃和：《陳垣年譜附陳垣評傳》（北京：北京師範大學出版社，2002年），頁335-
　　336。

33 劉乃和：《陳垣年譜附陳垣評傳》，頁336。

歡迎詞，寫的是《詩經》〈鄭風·風雨〉的全篇[34]。同年他為輔仁畢業生同學錄題詞，寫的是：「《孝經》曰：『士有諍友則身不離於令名，父有諍子則身不陷於不義。』交友之道在得切磋之義，毋徒事佚遊宴樂，是之謂輔仁。」[35]這些題詞大都是勉勵學生，重在告誡畢業生要立身守正，不要「輕重倒置」，不要失節事敵。一九四二年四月，在輔仁大學返校節的運動會上，援庵先生在校長講話中借用《禮記》〈射義〉的記載，講了一個孔子開運動會的故事，說孔子的運動會，「賁軍之將、亡國之大夫與為人後者不入」，以此來告誡青年人和諷刺那些失節事敵的人[36]。

除了表達愛國之情，援庵先生還靈活借用經文以表情說事。一九四一年九月他為《輔仁生活》題詞：「子曰：學而時習之，不亦說乎——對新同學說；有朋自遠方來，不亦樂乎——對舊同學說；人不知而不慍，不亦君子乎——對教授說。」[37]借用《論語》表達了教育觀念。一九四三年致方豪的信中，有「藥不瞑眩，厥疾弗瘳」之語[38]，出自《尚書》〈說命〉。一九四八年五月，在《輔仁生活》發表返校節題詞，寫的是《詩經》〈小雅·伐木〉的首章[39]。一九五五年十一月致柴德賡信，有「青青子衿，悠悠我心。縱我不往，子寧不嗣音」[40]之句，用《詩經》〈鄭風·子衿〉。這些均可見他對經書之熟悉與運用之靈活。援庵先生早年是秀才功名，因此對四書五經十分熟悉。他在學

---

34 劉乃和、周少川等：《陳垣年譜配圖長編》，頁474。

35 劉乃和、周少川等：《陳垣年譜配圖長編》，頁478。

36 劉乃和：《陳垣年譜附陳垣評傳》，頁336。援庵先生在抗戰期間多次引用經書內容鼓勵學生，一個原因是因為敵偽提倡讀經，故引經說較為安全。

37 劉乃和、周少川等：《陳垣年譜配圖長編》，頁436。

38 陳智超編注：《陳垣來往書信集（增訂本）》，頁326。

39 劉乃和、周少川等：《陳垣年譜配圖長編》，頁532。

40 劉乃和、周少川等：《陳垣年譜配圖長編》，頁676。

術研究中雖不以經學為研究對象，但在日常生活中每每用到經書的內容，尤其是其中能體現愛國精神的部分，可以說經書的有價值的內容已經內化為一種執拗的低音，雖不凸顯，但隱伏於立身行事之中，於己為則，於人為範。

## 四　餘論：見經於史

除了直接的論說及立身行事之外，援庵先生的一些史學研究中其實也透露出對經學的態度。如在代表作《元西域人華化考》緒論中援庵先生稱：「至於華化之意義，則以後天所獲，華人所獨者為斷。故忠義、孝友、政治、事功之屬，或出於先天所賦，或本為人類所同，均不得謂之華化。」[41]本此界定，他在書中列舉了六個華化的題目，分別是〈儒學篇〉、〈佛老篇〉、〈文學篇〉、〈美術篇〉、〈禮俗篇〉、〈女學篇〉。其中「儒學為中國特有產物，言華化者應首言儒學」[42]。〈儒學篇〉中所述的華化的西域人，如廉希憲之被目為「廉孟子」，不忽木之向世祖陳《四書》[43]，雖非經學名家，要皆憲章於六藝，可見經學在元代仍是儒學最重要的部分。援庵先生這部書作於一九二三年，自稱是「著於中國被人最看不起之時，又值有主張全盤西化之日，故其言如此。」[44]彼時尚未抗戰，故直接從文化的角度著眼，通過表彰華化之西域人，目的正是要「喚醒國人，振興中華文化」[45]。可見經學不僅事實上是古代中國文化的重要組成部分，在重新振興中國文化

---

41 陳垣：《元西域人華化考》，《陳垣全集》，第2冊，頁214。

42 陳垣：《元西域人華化考》，《陳垣全集》，第2冊，頁221。

43 陳垣：《元西域人華化考》，《陳垣全集》，第2冊，頁223-225。

44 陳垣著，陳智超導讀：《元西域人華化考》（上海：上海古籍出版社，2000年），頁1。

45 陳垣著，陳智超導讀：《元西域人華化考》，頁3。

方面也有一定的用途。但援庵先生深知太史公所謂「載之空言，不如見之於行事之深切著明也」，因此他只從史的角度進行研究，將元代華化情況一一見之於具體史實，以彰顯文化之盛，而不願做空泛的文化史論述[46]。到後來抗戰時期所作的愛國史學，仍是以考證為本，其中借古喻今處，亦見之於考史，如此則歷歷俱在，令讀者自然領會。可以說，援庵先生對經學鮮有論述，背後也有著「載之空言，不如見之於行事」的意思，對於有用之經義，均體現於具體史實[47]。這種以史觀經、見經於史的態度，與他讀書多而不好發議論的治學路徑是呼應的，這種治學路徑是我們今天無論研究經學或史學都值得提倡的優秀學術傳統。

　　——原載《五邑大學學報（社會科學版）》二〇一八年第四期

---

46 援庵先生一九三三年六月廿四日致蔡尚思信中稱：「抑有言者，什麼思想史、文化史等，頗空泛而弘廓，不成一專門學問。為足下自身計，欲成一專門學者，似尚須縮短戰線，專精一二類或一二朝代，方足動國際而垂久遠。不然，雖日書萬言，可以得名，可以噉飯，終成為講義的教科書的，三五年間即歸消滅，無當於名山之業也。」見《陳垣來往書信集（增訂本）》，頁383。

47 啟功先生曾說：「清末學術界有一種風氣，即經學講《公羊》，書法學北碑。陳老師平生不講經學，但偶然談到經學問題時，還不免流露公羊學的觀點。」見啟功：〈夫子循循然善誘人——陳垣先生誕生百年紀念〉，收於陳智超編：《勵耘書屋問學記：史學家陳垣的治學（增訂本）》，頁147。所謂「公羊學的觀點」，結合援庵先生在清末事蹟，似也可以從致用的角度理解。

# 品題與聲價：支偉成六致胡適函之始末與寄望

　　《胡適遺稿及秘藏書信》（以下簡稱《秘藏書信》）中影印有支偉成致胡適書信六通（無回信），其中有一通編排次序不確。此後出版的《胡適論學書信選》中整理標點了支偉成致胡適書信五通，較《秘藏書信》缺少一通，且編排繫年亦有不當，但補充了一些《秘藏書信》所無的郵寄時間信息。根據相關時間信息及各信件內容，可以釐清六通書信的正確次序，進而考察支偉成數次致函胡適的始末情況及其中寄望。

## 一　六通書信之次序與繫時

　　支偉成（1899-1929），原名戀祺，生於揚州，長於金陵，年二十改名偉成以自勉，先後肄業於上海省立商業學校與上海大同大學，後居家自修[1]。一九二六年任江蘇省立第一圖書館管理主任[2]，一九二七年國立東南大學改組為國立第四中山大學後，曾在國文系任教授[3]，後受韓國鈞聘請主編《吳王張士誠載記》，稿未成而病逝，年僅卅一

---

1　支偉成：《清代樸學大師列傳》〈敘傳〉（上海：上海人民出版社，2014年），頁21-22。
2　〈蘇省長令圖書館長妥訂管理辦法〉，《申報》1926年1月20日，第10版。
3　錢基博：《自我檢討書》，見傅宏星：《錢基博年譜》〈附錄三〉（武漢：華中師範大學出版社，2007年），頁273-274。

歲[4]。支偉成以所編《清代樸學大師列傳》一書而著名，除此之外還標點整理過多種古籍。

一九九四年出版的《胡適遺稿及秘藏書信》中影印有支偉成致胡適書信六通[5]，此後一九九八年出版的《胡適論學書信選》（以下簡稱《書信選》）中整理標點了其中五通[6]。綜觀這批書信內容可知，一九二二年支偉成為編《中國政治哲學史》而向胡適寫信求教，此為首度致函；隨後一九二三年，支偉成將自己整理的《老子》等幾部古籍寄給胡適，並連續寫了三封信，主要是懇請胡適為其《尚書去偽》作序；一九二四年，支偉成又致信懇請胡適為自己所作的《安徽樸學大師列傳》提供材料；最後一通作於一九二五年，是與胡適商討自己擬著的《近三十年學術史》等書的體例問題。

對於支偉成的這批書信，《秘藏書信》和《書信選》在編次上均有微瑕（《秘藏書信》所收各信雖沒有標出時間，但經考訂後依時間先後編排；《書信選》則為所收書信標明了時間，並有簡要的考證）。其中《秘藏書信》誤將第二通排在了第五通之後；《書信選》訂正了這一失誤，但漏收了第三通書信，同時又產生了新的瑕疵，將最後一通誤排在了第一通之後，陳福康先生指出，《書信選》中標為一九二三年十月十六日的一通書信實際當作於一九二五年十月十日[7]。六通書信的次序、時間及《秘藏書信》、《書信選》兩書編排的對比詳見表

---

4　支偉成等：《吳王張士誠載記》〈韓國鈞敘〉，《泰州文獻》（南京：鳳凰出版社，2014年），第2輯，第15冊，頁501。

5　耿雲志主編：《胡適遺稿及秘藏書信》（合肥：黃山書社，1994年），第24冊，頁551-571。

6　杜春和等編：《胡適論學往來書信選》（石家莊：河北人民出版社，1998年），頁320-327。

7　陳福康：〈《胡適論學往來書信選》的系時錯誤〉，《博覽群書》2003年第6期，頁37-43。

一。在根據落款、郵戳、文義等釐清六通書信的次序及時間後，可藉此一探支偉成屢次致函胡適之始末與寄望。

### 表一　支偉成致胡適六通書信的時間及編次對比

| 次序 | 具體時間 | 時間信息說明 | 《秘藏書信》編次 | 《書信選》編次與標注時間 |
|------|----------|--------------|------------------|--------------------------|
| 第一通 | 一九二二年一月十日 | 函末署「十一、一、十日」。 | 第一 | 第一。「一九二二年一月十日」 |
| 第二通 | 一九二三年十月 | 函末無時間。據第三函中「月前」與第五函中「去歲三上書」推知此函約作於一九二三年十月間。 | 第五 | 第三。「一九二三年秋」 |
| 第三通 | 一九二三十一月三日 | 函末署「十一月三號」。 | 第二 | 缺此函 |
| 第四通 | 一九二三十二月十日 | 函末無時間。《書信選》注稱：「函封郵戳為『十二年十二月十日』由南京發」。 | 第三 | 第四。「一九二三年十二月十日」 |
| 第五通 | 一九二四三月廿四日 | 函末無時間。《書信選》注稱：「函封郵戳為『十三年三月廿四日』由南京發」。 | 第四 | 第五。「一九二四年三月廿四日」 |
| 第六通 | 一九二五年十月十六日 | 函末署「十月十六日晨七時」，陳福康指出，該函中稱留呈《清代樸學大師列傳》一書，該書一九二五年初版，又函中提及「（民國）十四年來之《東方雜誌》」，故知作於一九二五年。 | 第六 | 第二。「一九二三年十月十六日」 |

## 二　六次致函之始末

### （一）為擬編《中國政治哲學史》而首次致函請教

　　一九二二年一月十日，支偉成首次致函胡適。此函首句稱「久仰先生誨人不倦……心嚮往之久矣」，由此可見二人此前並不相識。此時胡適已是聲聞卓著的大學者，而支偉成時年二十四，尚是居家自修的青年學人。支偉成之所以選擇致函胡適，一方面是因他作為青年後學，在遇到學術問題時願意向當時的著名學者胡適求教，另一方面也和他擬請教的具體問題有關。當時的支偉成認為：「竊以我輩青年，有保守舊文化之責，且當闡發舊文化之精義，以與歐美文化相參合而貫通之，以另造成一『中國之新文化』。今守此旨，以為最切要於人生，而為當務之急者，莫如政治哲學」，是以他有意編寫一部《中國政治哲學史》，歷述「我國聖君賢相、名儒碩彥」這些「命世大哲」的言行事蹟。但由於「此類政治哲學史，中國尚未有編者」，因此他特別寫信給以《中國哲學史大綱》著名的胡適，「冒昧請教於先生，願為之指導焉」，這是信中第一層意思。除去編書上的請教外，支偉成在信中還表達了自己在治學上遇到的困惑：「因講求考證，令淺學者『求真』之觀念太甚，對於古書，多不敢信，而考證家言，又復龐雜，莫衷一是。學者徒勞形於考證，真是非不能見，看書不能自由發揮，甚感束縛之苦」，他希望出身「漢學世家」的胡適「其有法以解淺學者所感上述之困難」[8]。

　　這封信作於一九二二年一月十日，據曹伯言整理《胡適日記全集》，該年胡適的日記從二月四日開始，而此後數日中並沒有關於收到支偉成來信的記錄。則此信或收到於二月四日前，或收到於該日以

---

8　耿雲志主編：《胡適遺稿及秘藏書信》，第24冊，頁551-553。

後但未曾記錄。總之，目前尚不能得知胡適收到信後的看法，並且胡適也沒有給支偉成回信，支偉成的這部《中國政治哲學史》後來亦未見成書。一九二三年泰東書局出版了支偉成標點注釋的《老子道德經》、《晏子春秋》、《揚子法言》三書（即同年寄給胡適的三部），可見在支偉成此前正在進行這三部書的整理工作，大約因此而中斷了《中國政治哲學史》的編寫計畫。

## （二）寄去《老子》等書稿及為《尚書去偽》求序而連致三函

一九二二年支偉成尚擬編寫《中國政治哲學史》，但隨後他就把更多精力投入到了古籍整理的事業中。支偉成標點整理古籍始於一九二〇年輟學自修之時，彼時他正在上海大同大學求學，但因大學內「新朝湧進」，頗不合其志意，遂「輟學家居，閉戶自精」[9]。由此他博觀百家，並開始標點注釋《金剛經》，後來更將標點整理的範圍擴及其他眾多古籍，尤其是先秦子書。按照他的計畫，將陸續出版《諸子研究》二十種。從支偉成身後著述情況來看，他雖然英年早逝，但已留下了相當多的古籍整理成果，如《標點注釋老子道德經》、《標點注釋晏子春秋》、《標點注釋揚子法言》、《標點注解商君書》、《標點校釋尚書去偽》、《楚辭之研究》、《管子之研究》、《墨子綜釋》、《莊子校釋》和《孫子兵法史證》等，其中確以子部居多，也涉及經部與集部。各書在體例上大要相同，均分為上下兩篇，上篇為研究部分，包括考證作者時代、敘述篇章大旨、辨別篇目真偽等內容；下篇則為原書之標點、注釋及簡單校勘等。故各書有些直接以標點注釋為名，有些雖採取了如「某某研究」等書名，但仍屬於古籍整理之範圍。這種體例是支偉成在古籍整理方面的一個顯著特點。

---

9 支偉成：《清代樸學大師列傳》〈敘傳〉，頁22。

　　支偉成這一整理古籍的做法與特點，與胡適所提倡的整理古書的
辦法有些相近之處。一九一九年胡適發表〈新思潮的意義〉，提出
「再造文明」的目標，將「整理國故」作為「再造文明」的一個方面
與步驟[10]，此時胡適尚沒有具體闡釋整理古書之方法。一九二二年八
月，胡適作〈再論中學的國文教學〉的演講，在第四部分「古文的教
材和教授法」中指出，當前還很缺少適宜用作教材的經過整理的古
書，並且對如何整理古書作了具體的闡釋，提出了七項「必不可少的
條件」，分別是：一、標點。二、分段。三、刪去不必要的舊注。
四、加入必要的新注。五、校勘。六、考訂真假。七、作介紹及批評
的序跋[11]。將胡適所言七項條件與支偉成上下篇的做法相比較可以發
現，其中第一至五項大約相當於支偉成各書下篇的內容，即標點校注
方面；最後二項大約相當於上篇的範圍，即研究考訂方面。可見支偉
成整理古書的方法與胡適所論確有相近之處，正因如此，當他讀到胡
適這篇〈再論中學的國文教學〉時，欽佩之餘，不免有所見略同之
感，並由此產生了將自己所整理之古書請胡適批評指教的想法。於
是，一九二三年十月左右支偉成致函胡適，開篇即言「捧讀尊作『古
文的教材和教授法』有整理古書之計畫，極為欽佩！偉成在三年前即
從事於此」，隨後便詳敘了自己「《諸子研究》二十種」的計畫和「每
書各分上下二篇」的體例，並隨信附上已整理出版的《老子道德
經》、《晏子春秋》、《揚子法言》三書，請求胡適指正。此外，支偉成
在信的後半部分說「最近擬作《尚書去偽》一書」，略敘其宗旨，請
胡適示以途徑，尤其最好能「賜以引論」[12]。

---

10 胡適：〈新思潮的意義〉，《胡適文集》（北京：北京大學出版社，1998年），第2冊，
　　頁551-558。

11 胡適：〈再論中學的國文教學〉，《胡適文集》（北京：北京大學出版社，1998年），
　　第3冊，頁601-608。

12 耿雲志主編：《胡適遺稿及秘藏書信》，第24冊，頁560-561。

　　這是支偉成第二次致函胡適，其中並未提及去年致函的情況。這封信發出後不久，因沒有得到胡適的回覆，一九二三年十一月三日，支偉成又向胡適寫了第三封信。信中說：「月前奉上拙作《老》、《揚》、《晏》三書，並附一函，以為請益之地；未蒙示覆，甚以為憾。現麤成整理《尚書》一稿，敬請指正，擬名《標點校釋尚書去偽》，大旨悉遵尊作『國文教材』之辦法。」這部《尚書去偽》正是上一封信中曾提到的，只是當時尚是「擬作」，現在已經「麤成」了，故此又隨信奉上書稿，請胡適指正。支偉成在信中還表示，「竊以現在整理國故之書太少，偉成則有志於經書子書」，故下一步「擬作《詩經存真》，以與《尚書去偽》對稱」，並再次懇請胡適為《尚書去偽》「作一引論或序言」[13]。

　　此信同樣沒有得到胡適的回覆。時隔一個多月之後，一九二三年十二月十日，支偉成再向胡適寄出一信，宗旨仍是懇請胡適為《尚書去偽》作序。支氏在信中說：「作此書之動機，實由先生啟之，並以就正於梁任公、章太炎梁先生，均蒙指示。」此下即大略轉述了梁、章二家的「指示」，然後云：「方今海內學者，端推先生及章、梁為大師，偉成謹遵『就正有道』之義，望先生抒『誨人不倦』之精神，進而教之幸甚！」隨後再次簡略闡述了《尚書去偽》上篇「溯源」、「今古文派別」、「流傳史」、「去偽之發難」、「篇目考」、「參考書」共六項條目，以及下篇的標點注釋數條（信中稱錄於另紙呈政，今未見），請胡適「指其疵謬，如能賜予一序，則一經品題，聲價十倍，不惟偉成增光寵，即閱此書者，亦蒙指導也」。信的末尾支氏又再度問及之前寄來的三部子書的情況：「前所上《諸子研究》──《老》、《揚》、《晏》三書，不知已閱畢否？其餘二十種均在印刷中，一俟出板，當

---

13 耿雲志主編：《胡適遺稿及秘藏書信》，第24冊，頁554。

陸續呈教。」並且說「竊以此舉，不惟整理舊學，亦且有禆教材，當蒙贊助也」[14]，將自己的標點諸子的工作與胡適〈再論中學的國文教學〉演講中所說整理古書以作為教材的事業聯繫起來，期望能以此打動胡適，進而達到求序的目的。

## （三）為編《樸學大師列傳》及商討《近三十年學術史》等的兩函

一九二三年支偉成致胡適的三封信均沒有收到回覆。此後數月支偉成亦未再致函胡適，直到一九二四年三月二四日，因修《安徽樸學大師列傳》之事他發出了寫給胡適的第五封信。支氏在信中先說，安徽教育廳長盧紹劉崇尚樸學，囑其作《安徽樸學大師列傳》，現已收集有江永、戴震、金榜、洪榜、梅文鼎、淩廷堪六人之材料，而「續溪三胡，尤為後期之傑，苦於材料缺乏，莫能著筆，殊為遺憾。因思先生家學淵源，如能將三大師之事略、學說、著作，詳細見告，則嘉惠無窮矣！」講完這一請求後，支偉成筆鋒一轉，又談起此前所寄書稿之事：「去歲曾以《老》《揚》《晏》三書呈政，未蒙指示。今歲續出《管》、《墨》、《商》、《莊》、《公孫》、《屍》六種……每書之前作引論，無非根據尊著《中國哲學史大綱》辦法，考證年代，辨別真偽溯厥淵源，揭其主義，論其流變。又作《尚書去偽》一書……尚乞賜教。」最後支偉成總結道：「去歲三上書，陳明鄙見，均未蒙一答，意者無暇作覆乎？否則何見拒之深也！謹遵『就正有道』之義，略布區區，以為請益之地，統祈明示。」[15]從篇幅來看，信的後半段談書稿的比重已然超過了前半段訪求材料的部分，流露出支偉成對書稿事宜的深深掛懷。

---

14 耿雲志主編：《胡適遺稿及秘藏書信》，第24冊，頁555-557。
15 耿雲志主編：《胡適遺稿及秘藏書信》，第24冊，頁558-559。

　　然而，即使支偉成對此念念不忘，胡適卻依然沒有任何回覆。約一年半以後，一九二五年十月十五日，胡適在黃炎培的陪同下與支偉成有一次短暫地會面，這是支偉成首次見到胡適。當晚支偉成欲再去胡適住處拜訪，但胡適不在，於是第二天一早支偉成遂作成一信，這是目前所見他致胡適的最後一通書信，也是最長的一通。在此信中，支氏絲毫沒有提及從前的《尚書去偽》及《老子》等書稿事宜，對新出版的《清代樸學大師列傳》也只以一句「留呈拙作《清代樸學大師列傳》一書，切望先生詳加指正」簡單帶過，而用了相當長的篇幅詳細描述了自己兩部擬作新著的寫作計畫，請求胡適加以討論指導。這兩部書一部是《民國政變記》，一部是《近三十年學術史》。對於前者，支偉成描述自己的設想稱，「擬先用編年體作為長編」，組織歷年書報雜誌中之材料，「次用紀事本末體，紀一事之本末」，向胡適請教「此種編纂法是否適當」？關於《近三十年學術史》的商討其篇幅在十頁信紙中占了八頁，支偉成詳盡地敘述了其編寫計畫。首先在時限上，擬從「戊戌維新」起，到「新文化運動」止。其次是分類，擬分「經學」、「小學」、「哲學」、「文學」、「史學」、「地理學」、「金石學」、「校勘目錄學」、「諸子學」、「地質學」、「科學」共十一類，「經學」、「哲學」、「文學」等類下還分有子目。每類中支氏略舉了應當著重關注的代表人物，並請胡適品評所列是否恰當，此外又提出兩個問題，一是佛學當併入哲學類中還是單列為一類，二是生物、植物、經濟、社會、藝術、醫藥等學問是否當列入。種種問題，均希望胡適「能逐類約舉見告幸甚」[16]。

　　這封長信同樣沒有得到胡適的回覆。不僅如此，在《胡適日記全集》中一次也沒有提到支偉成（但現存日記並不完整，如一九二五年

---

16 耿雲志主編：《胡適遺稿及秘藏書信》，第24冊，頁562-571。

南下武昌、上海等地的《南行雜記》，即只有九月底十月初的幾天）。通常來說，胡適對青年學子是樂於幫助的，尤其支偉成整理古書的事業確實和他的提倡比較接近，然則因何胡適對支偉成屢次來信一無答覆，目前還沒有合適的解答。不過，結合支偉成生平行事可以約略探析這六通書信背後的寄望。

## 三　支偉成的行事風格與信中的寄望

支偉成平生以《清代樸學大師列傳》為代表作。該書一九二五年由上海泰東書局初版，書末有〈敘傳〉一篇，仿遷、固之體，先敘家世，從戰國兩漢一直講到生父支恒棟，然後詳細回顧了個人經歷及作書緣由，最後是《列傳》二十六篇的讚語。其中在個人經歷的部分，支偉成寫道當梁啟超等發起紀念戴震二百年生日時，他「作〈東原學說述要〉一文以應其徵」，自此受到梁啟超的鼓勵。隨後作《尚書去偽》，得黃炎培、蔣維喬為作序。此後受安徽教育廳長盧紹劉囑託作《安徽樸學大師列傳》，後廣其範圍，遂成《清代樸學大師列傳》一書，熊希齡、范源濂「見而好之，為加品題」（《列傳》書中有范源濂、李根源題寫的書名及馮煦、熊希齡、張仲仁的題字），復就章太炎先生「商訂體例」，張仲仁先生「為肊正文字」[17]。所謂與太炎先生「商訂體例」，指支偉成在成書前曾向章太炎寄去〈清代樸學大師列傳序目〉，請章氏對書中所分子目及各目所收人物加以指正。不久章太炎回信提出一些看法，如謂「先導大師」一目中當加入陳啟源、朱鶴齡等。隨後支偉成再次致函章太炎，就人物安排提出若干具體問題，如「先導大師」中擬以陳啟源為主而以朱鶴齡附於其下等，章太

---

17　支偉成：《清代樸學大師列傳》〈敘傳〉，頁22-23。

炎復回信對所列問題逐條作答。此後，支偉成在出版《清代樸學大師列傳》時遂將章太炎的兩封回信以〈章太炎先生論訂書〉為名冠於卷首，並略作說明。〈論訂書〉對研究章太炎思想及清代學術有重要的學術價值，同時，商討體例與作序文、題簽、題字等品題一樣也對此書有增添聲價之功效。此外據錢基博回憶，支偉成還曾將《清代樸學大師列傳》寄贈給段祺瑞和孫傳芳，並收到二人恭維他的回信。彼時國立東南大學改組為國立第四中山大學，錢基博出任國文系主任，支偉成帶了蔣介石致校長張乃燕的信來見文學院長梅光迪與錢基博，欲應聘為教授，並將段祺瑞、孫傳芳恭維其著作的回信從包中撿出給錢基博看，此舉遭到了錢基博的鄙夷，他當面對支氏說：「從前孔子作《春秋》，沒有聽到送給季孫、陳恒看，得到恭維！」晚年的錢基博在回憶此事時認為，支偉成在學問上「實苦心下過一番功夫」，不過行事上有些「燥進欲速」[18]。從這些情況可以看出，支偉成頗注重廣邀名流對自己的著作加以品題，其中不獨有學界耆宿，亦包括政界中人，而且方式多樣，如作序文、題簽題字、書信商討、校正文字等，不一而足。

　　結合支偉成這種行事風格，則其致胡適的六封信中，除了拳拳求教之意以外，也不難看出另一層寄望。這六封信中除了第一封是為了編寫《中國政治哲學史》而求指導外，第二、三、四封均是請胡適對《老子》等書品題指正，並求為《尚書去偽》作序言，尤其第四封信中說「如能賜予一序，則一經品題，聲價十倍」，流露了心中期望。第五封信從起因說是為了編《安徽樸學大師列傳》而向胡適訪問績溪三胡的材料，但支氏自言該書取材自阮元《國史儒林傳》、錢林《文獻徵存錄》、李元度《先正事略》等書，諸書中關於績溪三胡的材料

---

18 錢基博：《自我檢討書》，見傅宏星：《錢基博年譜》〈附錄三〉（武漢：華中師範大學出版社，2007年），頁273-274。

具在，未必一定要求助於胡適，而且支氏在信的後半部分用了很大篇幅再度提起《尚書去偽》和《老子》等書稿事宜，顯示出輕重之不同。第六封就《政變記》與《學術史》兩部新著的體例向胡適商討請教，其中關於《近三十年學術史》的商討，不難令人聯想到其《清代樸學大師列傳》一書及書前所附的〈章太炎先生論訂書〉。從體例上看，《近三十年學術史》和《清代樸學大師列傳》存在不少相似，其信中所言的諸多分類，如「經學」、「小學」、「史學」、「諸子」、「金石」「地理」、「校勘目錄」等，都是《清代樸學大師列傳》已有的名目，擬收的學者也有不少重合，如孫詒讓、皮錫瑞等都已見於《列傳》中。所不同處只在於晚近之時學術範圍擴大，遠非樸學所能局限，故在分類上自比清代有所增加。而其致胡適函中洋洋八頁，所商討的範圍皆是分類及所收人物方面，與〈章太炎先生論訂書〉的內容亦十分類似，由此不禁令人懸想，假令胡適回信就此加以商榷，而支氏《學術史》亦得以成書，則支氏或會將胡適回信亦冠諸《學術史》之卷首。

總之，支偉成屢次致函胡適，除請求指導以外，最緊要的就是求作序言與商討體例等事宜。而這些舉措在相當程度上疏離於著作本身，尤其是求序之舉，更多是出於邀請名家品題以增聲價的考慮。對此胡適一無回覆，顯然未能使支偉成達成期望。不過，《尚書去偽》一書雖沒有得到胡適作序，但曾經過章太炎、梁啟超的「品題」，且最終得了黃炎培和蔣維喬兩篇序文冠於卷首。照這一情況來看，支氏所求者不必限於一人，則《學術史》商討論訂的對象大約也未必止有胡適一家。

## 四　結語

　　胡適在《中國哲學史大綱》導言中對哲學下過一個「暫且」的定義，認為「凡研究人生切要的問題，從根本上著想，要尋一個根本的解決，這種學問，叫做哲學」，包括宇宙論等六種門類[19]。一九二二年，支偉成在首次致函胡適時闡明態度，認為「最切要於人生，而為當務之急者，莫如政治哲學」，其中的「切要於人生」，大約即引用了胡適的定義，而政治哲學亦是胡適所列哲學六種門類中的第五類，如由此來看，似其治學路徑與胡適所言頗相符合。然而隨後的文字即顯示出較大的不同，支偉成言：「尊著《中國哲學史大綱》一書，考證精詳，見解超卓，實為創見。但前乎老、孔者不談，蓋以為駁雜無據也。若夫我國政治哲學，則發端乎三皇五帝，即《尚書》所載堯以來之事，《禮記》所記周公、文、武之業，寧能舍而不論乎？」[20]這一段表述顯然和胡適的思想大異其趣，胡適在該書中明確指出：「今人談古代哲學……甚至於高談『邃古哲學』、『唐虞哲學』，全不問用何史料……唐、虞、夏、商的事實，今所根據，止有一部《尚書》，但《尚書》是否可作史料，正難決定……我以為《尚書》……無論如何，沒有史料的價值。」[21]這種看法是否正確另當別論，但對當時的胡適來講，這顯然是他的基本態度，正如蔡元培所言，胡適《中國哲學史大綱》一個最大的特點便是「截斷眾流，從老子、孔子講起」[22]。相比之下，支偉成初次來信，便聲稱三皇五帝、堯舜周公「寧能舍而不論」，這樣的看法恐怕難以得到胡適的認同，甚至難免留下負面的印

---

19　胡適：《中國哲學史大綱》（上海：上海古籍出版社，1997年），頁1-2。

20　耿雲志主編：《胡適遺稿及秘藏書信》，第24冊，頁552。

21　胡適：《中國哲學史大綱》，頁16-17。

22　胡適：《中國哲學史大綱》〈蔡元培序〉，頁2。

象。此後支偉成數次來信，講述自己整理古書之舉，並一再懇請胡適為《尚書去偽》作序，又有商討論著體例等事。倩名人為自己的著作品題作序以增聲價原本是古今士林慣有之事，如是以論學為鵠的切磋品題，所品有本，則聲價自然隨之，若是逕以聲價為追求，則有失本旨。況且所求多以早有往來之師友或觀點相近之同志最為常見，而支偉成與胡適素無往來，其信中若干觀點又顯示出不小的異趣，或許這些都是胡適對支偉成屢次來信毫無回應的原因之一。

——原載《武陵學刊》二〇二〇年第三期

# 後記

　　這本小書裏收了筆者不成熟的幾篇小文章，內容涉及對中國古文獻中字詞的考辨、對目錄學理論的探析、對古文獻版本的研究，以及通過文獻進行思想史和學術史的考察，總體上都屬於文獻學和學術史的範圍。目錄、版本、校勘之學乃為學之基，舊時稱為校讎之學，現今屬於文獻學的分支學科。文獻學既是有特定研究對象、理論、方法和自身發展史的獨立學科，同時，正如鄭樵所云：「類例既分，學術自明」，文獻學又與學術史互為表裏，有著極為密切的關聯。充分把握這種關聯，可以更加深入地推進對文獻學和學術史的研究，這也是筆者一直學習和努力的方向。這些文章的寫作時間在二〇一八到二〇二二年之間，反映了筆者這一時期的學習歷程和粗淺認識，其中必然會有諸多錯誤，敬請大方之家不吝賜教！

　　衷心感謝業師周少川教授和毛瑞方教授對這些文章的悉心指導，文章如或有一二可取，胥為業師對筆者初稿的點化提升，而不當之處則由筆者負全部之責。筆者的博士後導師劉家和先生和學院蔣重躍教授、劉林海教授、李淵老師等都多次關心小書的出版情況，惟筆者質駑性疏，有愧諸位老師良多，在此謹致謝忱與歉意！書中文章先後在一些刊物上發表過，發表過程中受到編輯和外審專家的很多幫助，特此感謝！臺灣萬卷樓圖書公司張晏瑞總編和陳宛妤編輯為小書的出版和編校付出了許多辛勞，一併致以衷心謝意！本書中所收關於孫德謙的文章內曾引用張先生的研究成果，當時只在文獻上讀到大名，豈知今次不僅幸得識荊，小書出版更藉張先生大力襄助，寧非緣分乎，是

不可不特別感謝！

　　龔自珍詩云：「狂臚文獻耗中年，亦是今生後起緣」，區區今生的
後起之緣，恐亦難離文獻二字，最後就以定盦此句為這本小書和這篇
簡短的後記作一結束罷。


　　　　　　　　　　　　　　　　　　　劉駿勃癸卯初春於北京

文獻研究叢書 · 圖書文獻學叢刊 0901006

# 古文獻與學術史論集

| | |
|---|---|
| 作　　者 | 劉駿勃 |
| 責任編輯 | 陳宛妤 |
| 特約校稿 | 林秋芬 |

| | |
|---|---|
| 發 行 人 | 林慶彰 |
| 總 經 理 | 梁錦興 |
| 總 編 輯 | 張晏瑞 |
| 編 輯 所 | 萬卷樓圖書股份有限公司 |
| | 臺北市羅斯福路二段 41 號 6 樓之 3 |
| | 電話 (02)23216565 |
| | 傳真 (02)23218698 |

| | |
|---|---|
| 發　　行 | 萬卷樓圖書股份有限公司 |
| | 臺北市羅斯福路二段 41 號 6 樓之 3 |
| | 電話 (02)23216565 |
| | 傳真 (02)23218698 |
| | 電郵 SERVICE@WANJUAN.COM.TW |
| 香港經銷 | 香港聯合書刊物流有限公司 |
| | 電話 (852)21502100 |
| | 傳真 (852)23560735 |

**ISBN 978-986-478-823-1**

2023 年 4 月初版

定價：新臺幣 280 元

如何購買本書：

1. 劃撥購書，請透過以下郵政劃撥帳號：
　　帳號：15624015
　　戶名：萬卷樓圖書股份有限公司
2. 轉帳購書，請透過以下帳戶
　　合作金庫銀行 古亭分行
　　戶名：萬卷樓圖書股份有限公司
　　帳號：0877717092596
3. 網路購書，請透過萬卷樓網站
　　網址 WWW.WANJUAN.COM.TW

大量購書，請直接聯繫我們，將有專人為您
服務。客服：(02)23216565 分機 610

國家圖書館出版品預行編目資料

古文獻與學術史論集 / 劉駿勃著. -- 初版. --
臺北市 ： 萬卷樓圖書股份有限公司, 2023.04
　　面 ；　公分. -- (文獻研究叢書. 圖書文獻學
叢刊 ; 901006)
ISBN 978-986-478-823-1(平裝)
1.CST: 文獻學 2.CST: 文集
011.07　　　　　　　　　　　112003747